부를 끌어당기는 리치 마인드

부를 끌어당기는
리치 마인드

초판 1쇄 발행 2023년 2월 2일

지은이 옥기종
발행인 송현옥
펴낸곳 도서출판 더블:엔
출판등록 2011년 3월 16일 제2011-000014호

주소 서울시 강서구 마곡서1로 132, 301-901
전화 070_4306_9802
팩스 0505_137_7474
이메일 double_en@naver.com

ISBN 979-11-91382-19-8 (03320)

부자 되는 100일 명언 필사

부를 끌어당기는
리치 마인드

글 · 옥기종

더블:엔

누구나 부유한 삶을 간절하게 원합니다. 돈, 많으면 좋겠지요. 얼마 정도가 많은 걸까요? 얼마나 있으면 행복할까요?

돈이란 무엇이고, 부란 무엇일까요? 그보다 먼저, 행복이란 무엇인가 생각해보는 시간을 가져보면 좋겠다 싶었습니다.

《부와 성공을 부르는 12가지 원칙》을 읽으며 좋아하게 된 게리 바이너척은 3천만 명이 넘는 팔로워를 가진, 인기 있는 연설가이자 연쇄 창업가인데요. 그가 자주 말합니다.

"자기인식과 인내심이 중요하다. 내가 어떤 사람인지 파악하는 게 중요하고, 커리어와 관련된 선택을 할 때에는 돈과 명예보다 행복을 더 중요하게 여기고, 단기간의 결과에 목숨 걸지 말고 장기적인 목표를 두고 차근차근 다가가는 것이 중요하다."

당연한 말들의 조합인 것 같지만 새겨볼수록 좋아서 천천히 종이에 따라 써봤습니다. 나는 어떤 사람인지, 나의 행복은 무엇으로부터 오는지 스스로 묻고 답해보았어요. 좋은 시간이었습니다. 그래서 100일 동안의 필사를 위해 돈과 부에 관한 좋은 글을 모으기 시작했습니다.

서재에서 아놀드 베넷의《아침의 차 한잔이 인생을 결정한다》를 가장 먼저 꺼내왔습니다. 1991년에 매일경제신문사에서 출간한 책입니다. 1998년에 구입할 때 제목에 흘렸었는데, 벌써 25년 전이군요! 1800년대 영국의 소설가이자 시간관리의 선구자가 말해주는 다양한 24시간 활용법을 담은 이 책은 이제 사례들과 표현이 너무 바래서 책 한 권의 내용이 몇 문장으로 요약이 되었습니다. 정리하여 첫 글로 뽑았습니다.

사놓고 읽기를 미뤄두고 있었던 재테크서적, 마케팅서, 자기계발서를 포함한 경제경영서와 최근의 부자 관련도서를 쌓아놓고 한 권씩 들춰봤습니다. '부' 라는 하나의 키워드에 집중하는 작업은 매우 의미 있었습니다.
20여 년 전 일본과 우리나라에서 굉장히 유명했던 혼다 켄의 머니 레슨 시리즈는 후배가 책임편집자여서 선물로 받았는데, 이제야 읽어보았네요. '행복한 부자' 컨셉이 평범해서 손이 참 안 간 도서였는데, 20년이 훌쩍 지난 지금이 읽을 때였나 봅니다. 역시 다 때가 있군요.
'끌어당김의 법칙' 하나로 책 한 권을 쓰다니, 대단하네~ 했던《시크릿》도 다시 꺼내보고, 이상건 저자의《부자들의 개인 도서관》, 방현철 저자의《부자의 자녀교육》, 로버트 기요사키의《부자 아빠 가난한 아빠》도 다시 펼쳤습니다.

《돈의 속성》의 저자이자 스노우폭스그룹을 이끌고 있는 슈퍼 리치 김승호 회장은 50 이후가 부자 되기 좋은 때라고 합니다. 천천히 부자가 되라는 말에 끄덕끄덕, 인도나 부의 서행차선 말고 부의 추월차선에 올라타라는 엠제이 드마코의 말에도 끄덕끄덕, 금융지식의 중요성, 태도와 습관의 중요성 등 필사할 좋은 문장들을 뽑으며 리치 마인드를 열심히 장착해봅니다.

금전적인 부자는 물론 삶을 충만하게 채울 줄 아는 마음 부자들의 생각과 말도 모았습니다. 76세에 그림을 그리기 시작하여 80세에 개인전을 열고 100세에 세계적인 화가가 된 모지스 할머니처럼 자기 인생의 주인공으로 멋지게 살고 싶은 이들을 위해 저도 함께 필사 책을 통해 나누고 싶어졌습니다.

그렇게 여러 차례 문장을 다듬고, 나름의 제목을 만들고, 적절한 코멘트를 달고, 생각하며 직접 써볼 수 있도록 질문을 뽑아내는 과정 하나하나가 뜻밖에도 나 자신을 생각하는 시간이 되어주었습니다. 더불어 내가 하고 있는 일에 대한 새로운 계획을 세우는데 도움이 되었습니다.

쉽게 덤벼든 일이었는데 예상보다 작업시간이 많이 걸렸습니다. 생각보다 훨씬 재밌는 작업이었구요. 필사 원문 내용은 제가 요약도 하고 중략도 했으며, 뜻이 달라지지 않는 선에서 표현을 조금씩 고쳤습니다.

* * *

언젠가부터 책 읽는 시간이 줄어들고 읽어야 할 책이 쌓여갔던 건 무의식중에 '정독'의 굴레에 붙잡혀 있어서였나 봅니다.

우연히 필사를 목적으로 책을 펼쳤다가 '책읽기 방법' 으로까지 그 범위가 확장된 느낌입니다. 한 권씩 빠른 속도로 훑어보면서 추후 정독할 도서를 빼놓고, 내용이 고루하고 요즘 상황과 안 맞는 책은 따로 정리하며 하루하루 필사를 해보니 참 좋았습니다. 꽤 의미 있고 충만한 시간이었어요. 이 즐거움을 많은 독자분들과 나누고 싶어 책으로 엮었습니다.

많은 사람들이 부자가 되고 싶어 하고, 돈을 많이 모으고 싶어 합니다. 그런데, 그 돈이 내 수중에 들어온다면, 그다음은 어떻게 하실 건가요? 가장 중요한 건 이 대목이 아닐까 생각합니다. 그 준비가 되어 있지 않으면 귀한 돈이 술술 새어나갈 확률이 높습니다. 이때를 대비하여, 또는 돈을 즐겁게 끌어당기며 모을 수 있도록 이 책 《리치 마인드》가 좋은 태도와 습관을 장착하는데 도움이 되면 좋겠습니다.

바보에게 돈이 생기면 더 바보가 된다는 속담이 있다는데, 우리는 그러지 말아야겠습니다.

내 기준의 부, 내 기준의 많고 적당함, 이런 것들을 하나씩 생각해보고 써보고 정리하다 보면 어제와 다른 오늘의 나를 만날 수 있을 거라 생각합니다. 계획을 세우고 부자 마인드를 단단히 다지는 100일을 함께 가져보면 좋겠습니다. 물론, 금융지식도 쌓고 경제공부를 병행해야 합니다.

부자들이 부를 이루기 위해 가장 먼저 하는 것은 생각의 전환입니다.

책마다 다 똑같은 말들이야, 마인드만으로 어떻게 부자가 돼? 뭔가를 해야지? 그리고 뭐 한다고 다 부자가 돼? 하는 분들 많으실 겁니다. 저도 그랬습니다. 그런데, 이런 당연해 보이는 문장들이 마음에 콕 꽂히는 순간이 있습니다. 저에게 게리 바이너척이 그랬고, 혼다 켄이 그랬고, 조셉 머피가 그랬습니다.

타고난 부자든 자수성가 부자든 그들은 모두 아끼는 습관, 투자하는 습관, 책을 가까이 하는 습관들을 가지고 있었습니다. 부자가 되고 싶은 우리는 부자의 마인드를 따라해보기로 할까요? 석유 재벌로 유명했던 폴 게티의 "부자가 되고 싶다면 주위의 부자가 하는 것을 그대로 따라하라. 그러다 보면 당신도 어느새 부자가 되어 있을 것이다" 라는 말처럼요.

아침의 따뜻한 차 한 잔과 함께 좋은 글 필사의 시간을 권합니다.

차례

세상의 분주함에서
잠깐 멀어지는 즐거움,
필사의 시간

- 이혜진 (《쉽게 서평 쓰는 법》, 《일상이 독서다》 저자)

필사(筆寫)는 단어 그대로 글을 베껴 쓰는 것입니다. 인쇄술이 발달하기 전, 사람이 일일이 손으로 옮겨 쓰며 책을 만들던 시절부터 필사가 시작되었지요. 작가 지망생들은 작법 연습을 위해 공부하듯 필사를 한다고 해요.

저는 마음이 너무 힘들 때 필사를 시작했습니다. 회사에선 반쪽짜리 직장인, 집에선 시간도 체력도 부족한 엄마라는 죄책감으로 하루하루 버텨내듯 지내던 때였어요. 그때의 유일한 즐거움은 밤에 아이를 재워놓고 차가워진 맥주 한 캔을 따서 재미있는 에세이를 읽는 것! (덕분에 뱃살은 늘었지만요) 회사에서의 설움과 육아 스트레스를 위로해준 책들을 그대로 덮고 싶지 않더군요. 다이어리를 펴고 책에 붙여둔 플래그잇을 하나하나 떼어내며 문장을 베껴 쓰기 시작했습니다.

'그 책 무슨 내용이었더라' 하면 기억이 잘 안 나지만, 필사노트를 펴보면 몇 년 전 고민했던 문제, 책을 읽으며 벅찼던 기분까지 고스란히 느껴져요. 의도하고 쓴 건 아니었지만 이 필사노트들은 제 첫 책, 독서 에세이의 든든한 재료가 되어주었고요.

무언가를 쓴다는 행위만으로도 마음에 위로가 됩니다. 노트를 펴고 펜을 들고 일부러 시간을 들여 문장을 옮겨 쓰는 일이 나와 내가 직면한 고민 사이에 여백을 주기 때문이 아닐까 라는 생각이 들어요. 문제에 완전히 함몰되는 대신 그 문제와 건강한 거리를 유지하는 거죠. 또한 필사는 책의 내용을 손으로 기억하며 한 번 더 읽게 합니다. 글쓰기에도 도움이 되지요. 자연스럽게 문장의 구조를 익히고 단어를 익혀갈 수 있거든요. 눈으로만 읽고 끝내면 얻을 수 없는 효과들입니다.

어쩌면 필사를 하는데 대단한 노하우가 필요하지 않을 수도 있지만, 제가 그동안 필사를 해오며 자연스레 장착된 소소한 팁을 나눠봅니다.

통필사? 부분필사? : 책 한 권을 통으로 필사하는 걸 통필사라고 하고, 필요한 문장만 부분적으로 베껴 쓰는 걸 부분필사라고 합니다. 작가 지망생들은 닮고 싶은 작가의 작품을 통필사 하기도 한다고 하죠. 저는 부분필사만 하고 있고요. 주로 '내가 고민하던 문제에 답을 준 문장', '울림이 큰 문장' 을 중심으로 필사합니다.

책을 다 읽고? 책을 읽으면서? : 이것도 선택의 문제이긴 합니다만 전 흐름이 끊기는 게 싫어서 책을 다 읽고 필사합니다.

소소한 제 루틴이라면 출퇴근길 지하철에서 책을 읽고, 주말에 한두 시간 정도 시간을 내어 (주말 아침 7시의 스타벅스를 추천합니다!) 필사를 하면 책 한 권을 정리하는 느낌이 들어 좋더라고요.

필사노트 형식? : 저는 아주 간단한 형식으로 씁니다. 노트 맨 윗줄에 책 제목과 저자 이름, 그 다음 줄 오른쪽 상단엔 날짜, 그리고 페이지수를 왼쪽에 적고 문장을 '온전히' 베껴 씁니다. 문장은 요약하거나 줄이지 않고 토씨 하나 안 바꾸고 그대로 써요. 혹여나 제가 요약하면서 원글이 가진 분위기와 의미를 훼손할 수도 있으니까요. 그리고 그 문장 밑엔 제 나름의 적용점, 해석 등을 편하게 적습니다. 여기서 중요한 건 '여백을 좀 많이 두는' 것입니다.

필사노트는 사실 다시 펴봐야 시간을 들여 쓰는 게 의미가 있습니다. 한참 후에 그 노트를 펴서 베껴 쓴 문장을 보면 분명 다시 덧붙이고 싶은 나의 말이 생깁니다. 그때를 위해 여

백은 좀 넉넉하게 두었으면 좋겠습니다.

추천하는 펜? : 필사에 관심 있는 분이라면 만년필도 꼭 한 번씩은 입문을 하시더라고요. 가격 부담없이 초보자가 처음 써보기 좋은 만년필로 '파이롯트 가쿠노' '라미 사파리' '파버카스텔 룸피아노'를 추천합니다.

펜촉은 EF 〈 F 〈 M 순으로 두꺼워지는데, 제목이나 강조할 때 F나 M도 괜찮지만 많은 문장을 필사할 거라면 EF닙을 추천합니다. 저는 한동안 만년필을 즐겨쓰다 지금은 일반 펜을 주로 쓰는데요. '제트스트림 0.38', '제브라 사라사 0.3', '시그노 유니볼 노크펜 0.38'을 즐겨 씁니다.

알아두면 좋은 사이트? : 네이버 카페 '문방삼우'는 문구류에 관심 있는 분들이 다양한 정보를 공유하는 곳입니다. 카페 안에서 필사모임이 운영되기도 하니 방문해보세요. 카페가 불편하다면 카카오톡 오픈 채팅창에 '성장판 문구생활'이라고 검색해보세요. 《메모 독서법》의 저자 신정철 작가가 운영하는 단톡방으로, 문구류에 관한 정보 교환 및 질문을 편하게 하실 수 있어요.

이 책은 제가 말씀 드린 것과는 조금 다른 방식의 필사 책입니다. 이미 엄선된 좋은 글을 찬찬히 필사해보는 것이니, 인용된 문장이 수록된 책을 찾아 통독해보시는 방법을 권해드립니다. 《부를 끌어당기는 리치 마인드》 100일 필사를 통해 '부자의 생각'도 흡수하시고, '나만의 필사노트'를 만들어가는 것도 아주 좋은 방법인 것 같습니다.

함께, 멋진 100일을 향해 출발해보실까요?

"내 인생이 변화된 계기는
사람들과의 만남,
영화와 책과의 만남을 통해서였습니다.
그 중에서도 가장 중요한 건 책이었습니다."

- 혼다 켄 (머니 트레이너)

001 , 아침 5분 성공 습관 아놀드 베넷

상쾌한 아침,

따뜻한 차 한잔의 여유를 가져보자.

단 5분이라도 좋다.

차 한잔을 마시며 하루를 계획하는 아침의 작은 여유가

미래의 당신 모습을 결정한다.

꼭 백만장자여야만 부자이고 성공한 삶은 아니다.

내가 내 인생을 지배하면서 살 것인지,

아니면 지배당하면서 살 것인지,

이는 나 자신이 결정할 수 있는 문제다.

-《아침의 차 한잔이 인생을 결정한다》

....

차 한잔, 아침 명상의 시간…
멋진 하루가 멋진 1년을 만들어주고
멋진 1년이 쌓여 인생이 풍요로워집니다.
시간관리의 대가인 영국 작가 아놀드 베넷(1867~1931)은
100년도 더 전에 알고 계셨네요!

● 차 한잔과 함께하는 〈나의 오늘 하루 계획〉을 써보세요.

, 내 인생에서 가장 중요한 것

게리 바이너척

돈이나 주식, 성장이나 발전보다
행복에 더 주안점을 두면,
지금 내가 하고 있는 일이 더 소중해지고
얼마든지 지속가능한 것이 된다.

-《부와 성공을 부르는 12가지 원칙》

....

SNS로 수백 억을 버는 남자 게리 바이너척의 말입니다.
살아보니, '지속가능한 일'은
엄청난 힘이 있었습니다.
그를 위해 알아야 할 것, 노력해야 할 것,
어렵지 않으니 해볼 만하지요?

● 지금 내가 하고 있는 일에서 노력해야 할 것은 무엇인가요?

부자가 되기에 가장 좋은 나이는 50세 이후다.

빨리 부자가 되려는 마음을 버리고 종잣돈을 마련해

복리와 투자를 배우고 경제 용어를 배워

금융문맹에서 벗어나야 한다.

노동에서 버는 돈보다 자본 이익이 많아지는 날이 바로

당신이 부자가 된 날이고 경제적 독립기념일이다.

-《돈의 속성》

....

출간 2년 만에 200쇄 넘게 팔린 책《돈의 속성》입니다.

책의 저자인 김승호 회장은

가장 빨리 부자가 되는 것은 천천히 부자가 되는 것이라고

계속 강조합니다.

돈을 버는 기술과 모으는 능력,

돈을 유지하는 능력, 돈을 쓰는 능력을

골고루 배우려면 나이 50도 버거울 수 있다고 말합니다.

다행입니다. 우리, 안 늦었습니다!

● 나의 경제적 독립기념일은 언제인가요?

폴 게티

부자가 되기 위해서는

운과 지식, 열심히 일하는 태도가 필요하다.

이 세 가지 외에도 '백만장자 마인드'가 있어야 하는데,

늘 비용을 절감하고 이익을 내기 위해 노력해야 한다.

큰 돈을 버는 확실한 방법 하나는

'내가 잘 아는 분야의 사업'을 하는 것이다.

....

미국 최초의 억만장자이자, "재산이 얼마인지 알 수 있다면 억만장자라고 불릴 수 없다"고 말한 폴 게티.

고 이건희 회장, 고 정주영 회장도 살아 생전 본인의 재산이 얼마인지 몰랐다고 하죠. 많은 부자들이 대부분 그렇습니다. 주식시장만 해도 매일 변동하니까요.

폴 게티는 주식, 부동산, 석유 채굴에서 모두 다 성공한 보기 드문 사업가입니다. 그런 그가 하는 말이니, 새겨서 들어봅시다.

● 내가 사업을 한다면? 내가 잘 아는 분야에 대해 적어봅시다.

부자의 공식 1 종잣돈을 만든다.

부자의 공식 2 내 몸값을 높인다.

나는 저축을 통해서 억만장자가 되었다.

조금씩 월급을 저축하여 나중에 신용대출을 받았고,

침대차에 투자해서 상당한 이익을 얻었다.

백만장자의 표시는 바로 수입이 항상 지출을 초과하는 것이다.

백만장자들은 일찍부터 저축을 시작한다.

돈을 벌기 시작할 무렵부터 말이다.

.... ─────────────────────────

철강왕으로 유명한 미국의 기업가 앤드류 카네기(1835~1919)는 당시 전국적으로 철로가 깔리고 철강산업이 막 꽃 피우는 시기에 부를 축적했습니다. 카네기는 성장하는 분야에서 받는 것 이상으로 일할 것, 똑똑한 사람들과 일할 것을 강조했다고 합니다.

둘 다 맞는 말인데, 전자는 요즘 세대들은 싫어할 것 같죠? 받는 것 이상으로 일하라구요? 야근수당 줘도 칼퇴하겠다고 할 것 같습니다만.

● 나는 수입의 몇 %를 저축하고 있나요?

006 , 돈이 들어오는 파이프라인

워렌 버핏

잠자는 동안에도 돈이 들어오는 방법을 찾아내지 못한다면
죽을 때까지 일해야 할 것이다.

....

내가 잠자는 동안에도 누군가가 내 제품과 서비스를 구매해주는,
그런 든든한 여러 개의 파이프라인을 만들어놓지 않는다면
정말 죽을 때까지 돈을 벌기 위해 일을 해야 할지도 모릅니다.
이제 부자가 되는 길은 온라인에 있다고 하는데,
즐겁게 만들 수 있는 파이프라인을 찾아볼까요?

돈이 들어오는 파이프라인

● 내가 만들 수 있는 파이프라인을 적어봅시다.

1.

2.

3.

007 , 돈을 대하는 태도

이보네 젠

돈을 대하는 태도가 인생을 결정한다.

부는 돈을 귀하게 여기는 사람에게 흐른다.

돈과의 관계를 잘 쌓아야 한다.

- 《돈의 감정》

....

최상위 부자들이 하나같이 하는 말,

돈도 좋은 사람에게 끌린다는 말입니다.

유유상종이 돈에도 통하는군요.

좋은 사람이 되어야겠습니다.

돈을 대하는 태도

● '돈' 하면 어떤 감정이 떠오르나요? 떠오르는 단어들을 쭉 써봅니다.

, ## 생각 정리의 힘

스티브 잡스

집중력과 단순함, 그것은 나의 목표 중 하나였다.

단순한 것은 복잡한 것보다 더 어려울 수 있다.

단순하게 만들기 위해서는

생각을 정리하기 위한 노력이 필요하다.

....

생각을 정리하는 방법으로
글을 써보는 것, 상대방에게 말해(설명해)보는 것이 있습니다.
《생각정리 스킬》이라는 책도 있습니다.
생각을 정리하고 '부'로 가는 길에 들어서볼까요?

- 오늘의 할 일 (또는 한 일), 오늘의 생각을 써보세요. 머릿속이 정리되는 느낌입니다.

오스카 와일드

어렸을 때, 나는
돈이 인생에서 가장 중요하다고 믿었다.
나이가 들어보니 그것은 사실이었다.

....

극작가이자 소설가인 오스카 와일드가 이런 말을 했군요!
돈은 정말 소중히 다루어져야 할 가치가 있고
이뻐하는 만큼 들어오는 것 같습니다.
나이가 들수록 저도 실감하고 있습니다.

● 내 인생에서 가장 중요한 가치는 무엇인가요?

010 , 잠재의식의 힘

좋은 일이 일어나기를 바라고 기다리는 마음에는,

좋은 일을 끌어당기는 자석과 같은 힘이 있다.

좋은 일이 일어나기를 간절히 원하면,

잠재의식은 결국 좋은 기회를 잡도록

나를 자연스럽게 이끌어줄 것이다.

....

생각의 힘, 잠재의식의 힘은 정말 대단하죠.
좋은 생각, 멋진 생각을 많이 하고
"나는 할 수 있다!"는 긍정적인 메시지를
자주 발신하는 삶을 권합니다.

● 오늘 어떤 좋은 일이 일어날까요?

, 잠재의식의 복리효과   오사마 준이치

번영, 부, 성공 등의 긍정적인 생각을
잠재의식 속에 저축하라.
그러면 잠재의식은 당신에게
복리 이자를 붙여 돌려줄 것이다.
- 《커피 한 잔의 명상으로 10억을 번 사람들》

긍정적인 생각을 저축하면 복리 이자까지 붙어 온다니 정말 솔깃합니다.
잠재의식의 효과는 많은 이들이 강조하고 있는데,
저도 여러 번 경험해보았기에, 좋은 생각을 많이많이 저축하려고 합니다.

● 나는 돈을 좋아합니다. 나는 돈을 사랑합니다. 세 번씩 써볼까요~.

성공한 사람들이 보여주는 뚜렷한 특징은

언제나 해결책을 절실하게 찾고 미래지향적이라는 점이다.

그들은 목표를 성취하기 위해서 끊임없이 "어떻게?" 라고 물으

면서 문제를 해결하려고 한다.

성공한 사람들은 과거의 위치에 연연하지 않고

미래에 나아갈 방향을 생각하는 사람들이다.

-《내 인생을 바꾼 스무살 여행》

....

스무 살, 친구들과 사하라 사막을 종단한 이후, 못 해낼 것이 없다는 자신감을 얻은 세계적인 동기부여 연설가 브라이언 트레이시입니다.

가난한 집에서 태어났고, 고등학교도 중퇴했고, 작은 호텔에서 접시를 닦던 청년은 성공한 사람을 보면 늘 "저 사람은 어떻게 성공할 수 있었을까?" 끊임없이 궁금해하고 해답을 찾기 위해 노력했다고 합니다. 그 의문의 해답을 찾은 그는 전 세계를 돌며 강연을 통해 많은 청중들의 삶을 변화시켰고, 《백만불짜리 습관》, 《개구리를 먹어라!》등 많은 베스트셀러를 집필했습니다.

● 성공이란 무엇이라고 생각하나요?

013

, 부자의 독서

책을 읽는다고 전부 다 부자가 되는 것은 아니지만,

책을 읽지 않는 부자는 없다.

....

워렌 버핏은 독서광으로도 유명하죠.

어릴 때 《1000달러를 버는 1000가지 방법》이라는 책을 반복해서 읽었고,

대학 졸업반 시절에 벤자민 그레이엄의 《현명한 투자자》를 읽고

평생의 투자 철학(가치 투자)을 세웠다고 합니다.

책을 읽지 않는 부자가 있을 수 있겠지만

우리는 멋지고 지적인 부자를 지향해보기로 합시다.

하루에 10분도 좋고 하루에 30쪽도 좋습니다.

시간을 정하든 분량을 정하든, 매일의 습관으로

책을 가까이 하는 삶을 권합니다.

● 앞에서 필사한 글이 수록된 도서 중 읽고 싶은 책이 있었다면, 구입하여 읽어볼까요?

1.

2.

3.

, 우리가 읽어야 할 책

니체

우리가 읽어야 할 책은 이런 책이다.

읽기 전과 읽은 후 세상이 완전히 달리 보이는 책,

새로운 관점을 안겨주는 책,

읽는 것만으로도 마음이 맑게 정화되는 듯 느껴지는 책,

새로운 지혜와 용기를 선사하는 책.

....

우리는 보통 자신이 좋아하는 분야의 책 위주로 읽습니다.

문학, 철학, 예술, 자기계발 등 좋아하는 특정분야에서

범위를 확장하여 (꼬리에 꼬리를 무는 독서방법도 참 좋습니다)

새로운 책 읽기에 도전해보는 건 어떨까요?

● 책을 읽고 새로운 관점이 생겼던 경험을 떠올려봅시다.

　　　　　　　　　　　　　나폴레온 힐

가난과 부, 모두 나의 생각에 달려 있다.

나의 목표를 달성하기 위해

체계적으로 노력한다면 불가능은 없다.

....

나폴레온 힐은 앤드류 카네기를 만난 이후 미국에서 가장 성공한 사람들을 인터
뷰하고 분석하여 《나폴레온 힐 성공의 법칙》《놓치고 싶지 않은 나의 꿈 나의 인
생(Think and Grow Rich)》이라는 세계적인 베스트셀러를 집필했습니다.
생각과 노력, 비밀이라기엔 평범해 보이지만 변함없는 진리입니다.

_____

_____

_____

_____

_____

_____

_____

_____

_____

_____

_____

● 부자가 되어 가장 먼저 하고 싶은 일은 무엇인가요?

016 , 자기암시

에밀 쿠에

날마다 모든 면에서

나는 점점 더 좋아지고 있다.

Day by day, in every way,

I'm getting better and better.

....

한동안 굉장히 유행한 명언이죠? 지금도 그렇습니다.

참 좋은 말입니다.

어제보다 좋은 오늘, 오늘보다 좋은 내일,

희망이 있어서 좋고, 좋아지기 위해 노력하는 나 자신이 또 좋습니다.

● 나는 어떨 때 행복한가요?

위대한 인물에게는 목표가 있고,
평범한 사람들에게는 소망이 있을 뿐이다.

....

목표는 커야 한다는 말도 있고,
작은 목표를 세워서 자주 성취하라는 말도 있습니다.
둘 다 일리가 있어요. 둘 다 병행해서 목표를 세워도 좋구요.
중요한 건 나를 알고, 나에게 맞는 목표를 잘 세울 줄 알아야 한다는 것이죠.

● 내가 부자가 되는 방법을 써봅시다.

1.

2.

3.

018

, 지식의 힘 ●

에이브러햄 링컨

지식에 투자하면

최고의 이자를 붙여 돌아온다.

이루어질 수 있고, 된다고 믿어라.

그러면 우리는 길을 찾을 수 있다.

....

어쩌다 부자가 되고, 어쩌다 돈이 계속 들어오는 일은 없습니다.

그렇게 들어온 돈은 또 모래알처럼 빠져나가기 마련입니다.

저는 복권을 사지 않는데요. 복권 말고 (복권에 당첨된 후의 계획을 철저히 잘 세워둔 상태라면 1등 당첨을 꿈꾸며 복권을 사도 좋을 것 같긴 합니다) 공부하며 천천히 부자가 되고 싶습니다.

● 지금 나에게 필요한 지식은 무엇인가요?

， 더 성공한 삶

'성공'이라는 단어에 재정의가 필요하다.

단적으로 말하면

5억 벌고 불행한 것보다 1억 벌고 행복한 것이

더 성공한 삶이다.

- 《부와 성공을 부르는 12가지 원칙》

....

예로부터 부잣집에는 한약 냄새가 많이 난다는 말이 있었습니다.

걱정 근심이 많고, 건강이 안 좋아서

늘 한약을 달여 먹는다는 옛이야기입니다.

이제는 세상도 달라졌고,

돈에 대한 인식, 부에 대한 인식이 바뀌었습니다.

악착같이 마음고생 몸고생 하며 모으는 부 말고,

액수에 연연하지 말고 내가 행복하게 살 수 있는 방법에

더 비중을 두었으면 좋겠습니다.

더 성공한 삶

● 왜 성공하고 싶은가요?

돈이 인생의 전부는 아니다.

그러나 돈 문제라는 먹구름이 인생에 끼어 있는 한

당신은 결코 행복할 수 없다.

돈은 인생의 여러 문제들을 좀 더 잘 다스릴 수 있는

기반이 되어준다.

단지 돈 때문에 스스로 원하지도 않는 일을 해야 하는 상황을

만들어서는 안 된다. 경제적 자유가 필요한 이유다.

-《보도 섀퍼의 돈》

....

'경제적 자유' 라는 용어가 처음 등장하고,

'돈 관리' 라는 카테고리가 생겨난 지 20여 년이 넘었습니다.

돈과 부에 대한 관심을 수면 위로 끌어올린 머니 코치,

보도 섀퍼 덕분이라 해도 과언이 아닙니다.

보도 섀퍼는 국내에《열두 살에 부자가 된 키라》저자로도 유명합니다.

돈에 관한 철학은 곧 인생 철학이지요.

경제적 자유

● 진정한 행복은 무엇이라고 생각하나요?

내가 월든 호숫가에 간 목적은

그곳에서 생활비를 덜 들여가며 살거나 또는

호화롭게 살자는 것이 아니라,

되도록 누구의 방해도 받지 않고

내 개인적인 용무를 보자는 데 있었다.

-《월든》

....

하버드대학을 우수한 성적으로 졸업한 소로우는

28세 젊은 나이에 월든 호숫가에 오두막을 직접 짓고

2년 2개월 남짓 살았다고 해요.

평생 살았다고 생각하는 분들 많으셨죠?

소로우는 숲속 은둔자였다기 보다 탐험가였고,

실천적 철학자였습니다.

소박한 삶을 행복하게 살다 간 그의 글에서 오늘도 배웁니다.

_____

_____

_____

_____

_____

_____

_____

_____

_____

_____

_____

_____

_____

● 원하는 만큼 돈을 번다면

1. 어디서 살 건가요?

2. 어떤 집에서 살 건가요?

3. 어디로 휴가를 떠날 건가요?

조앤 롤링

세상을 바꾸는 데 마법이 필요한 건 아니다.

그 힘은 이미 우리 안에 존재한다.

우리에게는 더 나은 세상을 상상할 수 있는 힘이 있다.

....

《해리포터》 시리즈는 전 세계에서 5억 권 이상 팔렸다고 합니다.
조앤 롤링은 작가 중 첫 억만장자로 등극했습니다. 2004년 포브스가 선정한 세계 억만장자 리스트에 이름을 올렸지만 조앤은 자신은 억만장자가 아니라며 기부를 많이 했다고 합니다. 그래도 인세가 계속 들어와 재산은 불어나고 있는 중. 사업이 아닌, 책을 써서 조 단위의 부를 얻은 작가님, 굉장히 멋집니다.

● 나는 어떤 사람인가요?

부자의 사고방식 로버트 기요사키

"나는 그걸 살 여유가 없어" 라고 말할 때 우리의 사고는 멈춘다.

"내가 어떻게 그것을 살 수 있을까?" 라고 질문하면

우리의 사고는 움직이기 시작한다.

돈은 일종의 힘이다.

하지만 힘이 더 센 것은 돈에 관한 지식이다.

- 《부자 아빠 가난한 아빠》

....

《부자 아빠 가난한 아빠》가 출간된 지 20년이 훨씬 지났는데,

이 책 읽은 수많은 분들은 모두 얼마나 부자가 되었을까요?

물론, 부자의 기준이 꼭 숫자로 표현되는 건 아니지요.

게리 바이너척의 말처럼 5억 벌고 불행한 사람보다

1억 벌어도 행복한 사람이 성공한 거라 저도 생각합니다.

로버트 기요사키의 부자 아빠 마인드를 다시 한번 새겨보는 시간을 가져볼까요?

● 3년 후, 나는 어떤 모습일까요?

브라이언 트레이시

지혜로운 부자가 내게 성공의 열쇠를 말해주었다. 간단했다.

도전할 만한 원대한 목표를 세우고, 그 목표를 성취할 때까지 어떤 대가나 어떤 장애도 이겨내며 어떤 고난도 헤쳐 나가는 것.

그 목표를 성취하고 나면, 성공의 패턴이 잠재의식에 새겨지게 된다. 내가 어떤 일을 시도할 때마다 잠재의식은 나를 자연스럽게 이끌어가면서 성공을 되풀이하도록 해준다.

성공함으로써 성공하는 법을 배우게 된다.

내가 많은 것을 성취할수록 더 많은 것을 성취해낼 수 있다.

-《내 인생을 바꾼 스무살 여행》

....

가난한 가정에서 태어나 고등학교도 중퇴한 브라이언 트레이시는 동기부여와 성공학 분야에서 유명한 강연가로 성공했어요. 한때 잘 나갔던 스티븐 코비와도 쌍벽을 이루었고, 그의 유명한 저서들은 지금도 널리 읽히고 있습니다. 성공한 남들 이야기에서 건져올린 에센스가 아니라 자신의 스토리가 소설 같기에 더욱 와닿는 것 같습니다.

● 내 인생에 많은 영향을 미친 여행이 있었나요?

돈과 명성은 바닷물과 같다.

많이 마실수록 더 목마르게 된다.

소유로 인해서 불행을 느낄 때에는

욕망지수를 줄여야 한다.

....

염세주의 철학자이지만 돈에 관한 명언을 많이 남긴 쇼펜하우어입니다.

부유한 부모에게서 물려받은 재산 덕분에 평생 돈 걱정 없이 살았다고 해요.

그래서일까요? 돈의 본질을 정확히 꿰뚫고 있네요.

가질수록 자꾸 더 높은 곳을 바라보면 평생 행복은 산 너머에 있을 거 같습니다.

돈의 특성

- 돈이란 과연 무엇일까요? 얼마나 있으면 부자일까요?

폴 게티

부자가 되고 싶다면 주위의 부자가 하는 것을 그대로 따라하라.
그러다보면 당신도 어느새 부자가 되어 있을 것이다.

....

미국 대공황 이후, 세계 1위 부자로 등극한 석유 재벌 장 폴 게티(1982~1976).
그는 전 세계에서 딱 두 가지, 석유와 예술 작품을 찾았다고 합니다. 부잣집 아
들이었지만 스스로 사업을 해서 돈을 벌었고, 지독한 구두쇠였지만 말년에는 자
신이 모은 예술품을 재단에 기증했습니다. 게티 센터가 건설되면서 LA를 대표
하는 미술관이 되었습니다.
손자는 또 유명한 게티이미지(Getty Image)의 창업자 마크 게티라고 하네요.

● 내 주위의 부자는 누구인가요? 무엇을, 어떤 점을 따라해볼지 생각해봅시다.

돈을 벌기 위한 첫 번째 원칙은

절대 돈을 잃지 말아야 한다는 것이다.

두 번째 원칙은

첫 번째 원칙을 절대 잊지 말아야 한다는 것이다.

투자는 이성적이어야 하며,

이해할 수 없으면 투자하지 말아야 한다.

세계 최고의 부자 워렌 버핏은 주식투자만으로 엄청난 부를 얻었지만,
부동산 투자를 해도 굉장히 잘했을 것 같습니다.
매일 책과 신문을 읽으며 분석하고, 원칙을 갖고 투자하니까요.
워렌 버핏은 "무지와 빌린 돈을 합하면 재미있는 결과가 나올 것" 이라고도 말했
다는군요.

● 나는 어디에 투자를 하고 있나요? (할 계획인가요?)

분산투자

돈은 세 부분으로 나누어라.

3분의 1은 토지에 투자하고,

3분의 1은 사업에 투자하고,

나머지는 준비금으로 보유하라.

....

로스차일드 가문, 금융인 조지 소로스, 아마존의 제프 베조스 등 세계 대부호 중에는 유대인들이 많습니다.

이들은 어려서부터 자립과 절약을 배우고 13세부터는 스스로 돈을 버는 힘을 기르도록 교육 받는다고 합니다.

우리나라도 이제 초등학생부터 금융교육의 필요성이 제기되고 조금씩 이루어지고 있습니다. 절약과 자립은 젊은이에게도, 은퇴 후 노년층에게도 꼭 필요한 덕목입니다.

- 나의 분산 투자 포트폴리오를 적어볼까요?

029 , 실행력

무엇인가를 이루기 위해, 또는 무언가를 결심하는 데에 1분도
걸리지 않는다.
문제는 결심을 얼마나 빠르게 행동으로 옮기느냐에 있다.
시작이 중요하다. 두려움을 극복하고 행동으로 옮기는 순간,
또 다른 기회가 찾아온다.

....

중요한 일, 급한 일, 순위에 들지 않는 일 등
하루를 구성하는 무수한 일들 속에서
중요한 일을 바로 실행하기란 쉽지만은 않습니다.
더군다나 급하지 않으면서 중요한 일은 더더욱 그렇지요.
시작이 반이라는 말, 일상에서도 부자 되는 일에서도 다 적용되는 것 같습니다.

● 중요한데, 자꾸 미루고 있는 일을 떠올려봅시다. 지금 바로 실행! 합니다.

흐름을 읽는 힘

혼다 켄

성공하는데 필요한 것은 흐름을 읽는 힘이다. 사물의 이면을
깊숙이 꿰뚫어볼 수 있는 힘.
사회의 흐름과 돈의 흐름이 어디로 향하고 있는지를 예측할 수
있어야 한다. 부자가 되는 사람들은 이 흐름들에 늘 신경을 쓰
고 있다.

-《돈과 인생의 비밀》

....

돈의 흐름, 정말 읽고 싶습니다.
사회의 흐름, 경제의 흐름, 세계경제의 흐름,
환경과 기후위기 문제도 빼놓을 수 없습니다.

● 우선, 지난 한 달 동안의 나의 돈 흐름을 적어봅시다.

031 , 노후 대비 vs. 자녀교육

노후대비는 자녀교육보다 우선순위여야 한다.

자녀교육 비용과 노후대비 저축을 한꺼번에 감당할 수 없는 경우라면 이 둘 중 우선순위를 결정해야 한다.

답은 쉽게 찾을 수 있다.

당신의 자녀에게 부모를 모실 생각이 있는지 직접 물어보거나,

자녀가 어리다면 당신이 자녀의 입장이 되어 생각해보라.

- 《돈 걱정 없는 노후 30년》 (최병희, 고득성, 정성진) 중에서

....

일을 할 수 있는 기간보다 퇴직 후의 기간이 더 길지도 모를
우리 세대에게 꼭 필요한 마인드입니다.
이 책 《돈 걱정 없는 노후 30년》은 50만 부 이상 팔렸다고 하네요.
이 책 읽은 독자분들 모두 노후준비 잘하셨으면 좋겠습니다.
은퇴 후, 노후 30~40년! 정말 돈 걱정 없으면 좋겠습니다.
당연히 건강은 그보다 더 먼저구요.

노후 대비 vs. 자녀교육

● 은퇴 후, 나의 한 달 지출은 얼마나 될지 계산해봅시다.

032

, ## 자녀교육에 투자하라 •

앙드레 코스톨라니

자녀교육에 투자하면

미래에 그들에게서 높은 이자를 돌려받을 것이다.

자녀에게 이보다 큰 선물이 없다.

-《돈, 뜨겁게 사랑하고 차갑게 다루어라》

....

앞의 글과 상반되는 내용 같지만, 여기서 말하는 자녀교육은 학원, 과외 등의 대학입시를 위한 사교육이 아닌 '돈' 교육, '경제' 교육을 말하고 있습니다.

헝가리 태생(1906~1999)인 앙드레 코스톨라니는 18세 되던 해, 부모가 증권투자를 배우라고 증권거래인 친구가 있는 파리로 유학을 보냈다고 합니다.

평생을 투자자로 살았고, 많은 부를 거머쥔 이 막내아들 덕분에 앙드레의 부모는 전쟁통에 공산주의자들에게 재산을 몽땅 빼앗긴 후에도 스위스에서 편안한 노년을 보냈습니다.

코스톨라니의 부모님은 제대로 자녀교육에 투자하셨네요!

● 자녀 (싱글이라면 조카)에게 어떤 돈 교육을 할 수 있을지 생각해봅시다.

033

, 돈이 움직이는 방식 로버트 기요사키

가난한 사람들은 돈을 위해 일한다.

하지만 부자들은 돈이 자신을 위해 일하게 만든다.

돈이 움직이는 방식을 배우는 것은 삶의 중요한 공부이며,

더 많이 배울수록 배울 것이 더 많아진다.

- 《부자 아빠 가난한 아빠》

....

'돈이 나를 위해 일하게 하라'는 메시지가 지금은 흔하게 사용되고 있지만
처음 등장했을 때만 해도 아주 신선했었습니다.
돈이 움직이는 방식, 돈의 흐름을 알기 위해서는 정말 공부를 해야 합니다.
최상위 부자들도 끊임없이 공부를 한다고 해요.
최상위 부자가 되려는 우리는 좀 더 많이 해야겠지요?

● 부자가 되기 위해 지금 나에게 필요한 것은 무엇인가요?

리처드 세인트 존

성공은 돈을 뜻하는가?

꼭 그런 건 아니다. 성공이 항상 돈을 많이 버는 것을 뜻하지는 않는다. 하지만 돈은 성공의 결과물이다. 뭔가에 성공한 다음에야 비로소 우리는 돈을 번다. 억만장자들이 부자라서 위대한 것이 아니라 뭔가에서 엄청난 성공을 거두었기 때문에 위대한 것이다.

-《돈 없고 빽 없고 운이 나빠도 리치》

....

많은 성공학 책들이 돈과도 연결되어 있습니다.
돈을 많이 벌고, 명성을 얻고, 존경도 받는 경지에 이르면 성공했다고들 하지요.
어떻게 성공하고 싶은지 고민해보는 시간이 필요할 것 같군요.

성공과 돈

- 나는 '어떻게' 성공하고 싶은가요?

좋은 책을 읽는 것은 성스러운 즐거움이며, 내가 원하는 곳이 어디든 갈 수 있는 기회를 준다. 독서는 내가 제일 좋아하는 시간 사용법이다. 독서는 나 자신을 드러내며, 정신이 흡수할 수 있는 모든 것에 접근할 방법을 선사한다.

무엇보다 내가 독서를 사랑하는 가장 큰 이유는, 책 읽기를 통해 더 높은 곳으로 향할 수 있는 능력을 얻을 수 있기 때문이다. 독서는 내가 계속 위로 올라갈 수 있는 디딤돌이 되어준다.

- 《내가 확실히 아는 것들》

....

사놓고 읽지 않은 책들 중 지금 눈이 가는 책, 그 책을 바로 읽어보기로 합시다. 새로운 세계로 빠져들고, 또 꼬리에 꼬리를 물고 연결되는 책들이 있을 거예요.

좋은 책

● 부자란 무엇일까요?

1.

2.

3.

과거에서 벗어나 한계를 초월하고 싶다면

룸미러에 의지하지 마라.

나의 삶에 무한한 가능성만이 존재한다고 믿어야 한다.

'나의 미래는 나의 과거와 같지 않다' 라는 진실을 받아들이고,

스스로 자신감을 가져라.

모든 것이 가능하며, 모든 것을 가능하게 만들 능력이 있으며,

노력할 것이라고 말하라.

- 《미라클 모닝》

....

과거도 좋았고, 현재도 좋고, 미래는 더 좋을 것이다!

에밀 쿠에의 자기암시처럼,

나는 매일 점점 더 좋아지고 있으니까요.

● 나에게 돈은 무엇인가요?

037

, 노력의 힘

내가 장인의 경지에 오르기 위해서

얼마나 노력했는지를 안다면

내가 하는 일이 그토록 멋있어 보이지만은 않을 것이다.

....

노력도 많이 한 세계 최고의 천재 화가.

재능이 있으면 출발선에서 유리한 건 당연합니다.

하지만 그 경지와 평판을 지속하려면 노력 없이는 힘듭니다.

천재도 이러한데, 평범한 우리는 즐겁게! 조금씩 더 노력해야겠습니다.

노력의 힘

● 지금 현재 나에게 조금 더 노력이 필요한 부분은 무엇인가요?

, 바라는 대로

피카소

어머니가 말씀하셨다.

"네가 군인이 되고 싶어 한다면 넌 장군이 될 것이고,
네가 신부가 되고 싶어 한다면 넌 교황이 될 것이다."
나는 화가가 되었고, 결국 피카소가 되었다.

....

훌륭한 사람에게는 역시 훌륭한 어머니가 계시는군요!
제 아들도 아마 훌륭하게 자랄 거 같습니다.

바라는 대로

● 앞으로 20년은 '어떤 나'로 살고 싶은가요?

부자의 인생은 두 시기로 나뉘어야 한다.

전반부는 부를 획득하는 시기.

후반부는 부를 분배하는 시기.

- 《부의 복음》

....

《해리포터》 시리즈로 유명한 조앤 롤링, 폴 게티, 록펠러, 앤드류 카네기 등
많은 부자들이 기부를 하는 삶을 삽니다. 분배의 한 방법이기도 하죠.
우리는 일단 '부를 획득'하는 시기를 잘 보내야겠습니다.

● 부를 획득한 후, 기부 또는 부의 분배에 대한 계획을 한번 세워볼까요?

알프레드 아들러

내가 바꿀 수 있는 것은 구체적인 나의 목표뿐이다.
목표가 변하면 습관과 태도가 달라지고,
새로운 목표에 필요한 것들을 선택하게 될 것이다.
목표가 바뀌면 인생이 바뀐다.

....

우리나라에서는 프로이트의 명성에 비해 잘 알려져 있지 않다가
책 《미움받을 용기》로 유명해진 심리학자 아들러의 말입니다.
아들러가 직접 쓴 책은 없다고 해요. 강연에서 한 말들을
제자와 주변인들이 엮었고, 《미움받을 용기》 또한 아들러 심리학을
일본의 철학자 기시미 이치로가 풀어 쓴 책입니다.
부자 마인드라기 보다는 우리 삶에 꼭 필요한 좋은 내용이라 가져와봤습니다.

- 부에 대한 목표, 새롭게 다시 잡아볼까요?

진정으로 부유해지고 싶다면

돈이 돈을 벌게 하라.

일해서 버는 돈은

돈이 벌어다주는 돈에 비해 지극히 적다.

....

많이 들어본 말이죠?

《부자 아빠 가난한 아빠》의 로버트 기요사키가 강조하는 내용과도 같습니다.

내 노동력을 투자한 만큼 버는 것 + 돈이 돈을 버는 시스템,

잠 자는 동안에도 돈이 들어오는 시스템을 구축하라!

석유 재벌 존 록펠러(1839~1937)는 남북전쟁과 석유사업으로 막대한 부를 축적

했지만 평생 검소하게 살면서, 버는 것보다 줄이는 데 관심을 쏟았다고 합니다.

● 내가 구축할 수 있는 '돈 버는 시스템'에 대해 생각해볼까요?

, 집중 •

타이거 우즈

공을 칠 때는 공만 생각하라.
그때는 공을 잘 맞추는 것만 중요하다.

....

주변이 시끄러워도 집중한다고 하죠. 타이거 우즈도 그렇고,
조앤 롤링은 카페에서 한손으로 글을 쓰며 한손으로 아기를 돌보았다고 해요!
아주 조용한 사무실보다 약간 시끄러운 카페에서 글이 더 잘 써질 수도 있고,
고요한데 백색소음이 살짝 있는 공간에서 집중이 잘될 수도 있을 거예요.
내가 잘 집중할 수 있는 공간 탐색부터 해보기를 바랍니다.

집중

● 집중이 잘 되는 '나의 공간'은 어디인가요?

무지개를 보기 위해 소나기를 기다릴 필요가 없다.

이웃을 돕기 위해 부자가 될 때까지 기다릴 필요가 없다.

성공을 위해 완벽한 기회가 올 때까지 기다릴 필요가 없다.

천국을 가기 위해 죽을 때까지 기다릴 필요가 없다.

- 《인생은 소풍처럼》

....

조건을 달지 말고 바로 지금 하기로 해요.

상황을 기다리지 말고 바로 지금 하기로 해요.

할 수 있는 것부터 조금씩이라도 지금 바로.

바로 지금 1

● 건강을 위해 꼭 필요한데 자꾸 미루는 게 있나요?

애나 메리 로버트슨 모지스

사람들은 늘 이미 늦었다고 말해요.

하지만 사실은 '지금'이 가장 고마워해야 할 시간이에요.

진정으로 무언가를 추구하는 사람에게는

바로 지금이 인생에서 가장 젊은 때입니다.

무언가를 시작하기 딱 좋은 때죠.

....

네! 그 모지스 할머니에요!

76세에 그림을 그리기 시작하여 80세에 개인전을 열고,

100세에 세계적인 화가가 된 멋진 할머니입니다.

그림을 체계적으로 배우지 못했지만, 76세에 고질적인 관절염으로

바늘에 실을 꿰지 못하게 되자 바늘 대신 붓을 들었다고 해요.

늘 그림이 그리고 싶었지만 76세가 되어서야 시작한 할머니처럼

우리, 지금 안 늦었습니다.

하고 싶었던 거 해보고, 부자도 되어봅시다~.

● 해보고 싶은데 미뤘던 거 적어볼까요?

취미도 좋고 공부계획도 좋고 여행계획도 좋습니다.

월급이 적을 때는 저축하는 습관을 길러라.

그렇지 않으면 수입이 늘어도 저축할 수 없다.

버는 자보다 모으는 자가 이긴다.

요즘같은 고금리 시대에 더더욱 딱 맞는 말입니다.

예금과 적금으로 돈이 몰리고 있다고 하죠.

MZ세대들 사이에서는 '무지출 챌린지'가 유행이라고 합니다.

치솟는 물가에 생활비를 줄이면서 일주일에 며칠이나 무지출에 성공했는지

SNS에 인증샷을 올린다고 하네요.

어쨌거나 종잣돈을 모으려면 저축이 먼저입니다.

- 저축, 잘하고 있나요? 중간점검 타임!입니다.

046 , 부자가 되는 길

리처드 세인트 존

1. 당신이 사랑하는 일을 하라.

2. 그 일이 다른 사람들에게 도움이 되게 하라.

그들도 그 일을 좋아한다면 그들은 대가를 지불할 것이다.

-《돈 없고 빽 없고 운이 나빠도 리치》

....

소설가 스티븐 킹은 늘 독자를 생각하며 글을 쓴다고 합니다.
제품을 만드는 사람이든 상품을 파는 사람이든
늘 고객과 사용자를 생각하며 일을 한다면,
우리 사회는 더 따뜻하고 더 풍요로울 것 같습니다.
자연히 부도 따라올 거라 믿습니다.

● 오늘 하루, 누구를 기쁘게 해줄 수 있나요?

많은 사람들이 돈을 벌기 위해 열심히 일만 한다.

재능 있는 사람들이 얼마나 적게 버는지 나는 늘 놀란다.

대부분의 사람들은 한 가지 기술만 더 익히면

수입이 금방 크게 늘어난다.

회계와 투자, 마케팅, 그리고 법률의 시너지 효과,

이 네 가지 금융지능을 결합하면

돈으로 돈을 버는 것이 더 쉬워진다.

- 《부자 아빠 가난한 아빠》

．．．．．．．．．

로버트 기요사키의 개인적인 기반은 부동산이라고 합니다.

(존리 대표는 주식투자를 강조하고 계십니다)

그가 부동산을 좋아하는 이유는 안정적이고 천천히 움직이기 때문이라네요.

현금흐름이 꾸준한 편이고 관리만 잘하면 가치가 높아져서라고요.

● 회계, 투자, 마케팅, 법률 중에서 나에게 부족한 부분은 무엇인가요?

048

, 부자가 되는 비결 2 •

앙드레 코스톨라니

1. 부유한 배우자를 만난다.

2. 유망한 사업을 한다.

3. 투자를 한다.

-《돈, 뜨겁게 사랑하고 차갑게 다루어라》

....

앙드레 코스톨라니는 3번으로 부자가 된 투자자이자 증권전문가입니다.
얼마 전 우리나라에서도 일명 동학개미 서학개미들이
제법 수익을 냈습니다.
남들 가는 대로 함께 흐름을 타기보다는 공부를 기반으로
자신의 기준을 갖고 투자하는 걸 많은 이들이 추천하고 독려하고 있다는 걸
책을 통해 또 배웁니다.

● 나의 성향에는 어떤 투자가 맞나요? 주식, 부동산, 채권, 금, 아트, …

, 투자

돈이 많은 사람은 투자할 수 있다.

돈이 조금밖에 없는 사람은 투자해서는 안 된다.

그러나 돈이 전혀 없는 사람은 반드시 투자해야 한다.

....

위와 같은 잠언이 있다고 합니다.

마지막 문장, 돈이 전혀 없는데 어떻게 투자를 해? 싶겠지만

그 뜻이 너무나 와 닿습니다. 지금 당장은 종잣돈이 없더라도

미리 준비(공부)하고 있다가 때가 되면 바로 실행할 수 있어야겠습니다.

투자

● 목표하는 돈이 모였을 때 투자를 어떻게 할 계획인가요?

050

당장 시작할 것

종종 나처럼 되고 싶다고 하는 사람들을 만나는데,

나는 그가 하고 싶은 그 일을 당장 시작해보라고 독려한다.

열심히 공부하고 철저히 준비한 후에 시작하겠다는 건

하지 않겠다는 말과 같다.

어떤 사람은 더 빨리 성공하고, 어떤 사람은 그렇지 않다. 하지

만 내 인생을 사랑하고, 하고 싶은 일을 하며 산다면 이미 성공

을 이룬 것이나 다름없다.

-《크러싱 잇! SNS로 부자가 된 사람들》

....

맞아요. 어떻게 했는지 물어보고선 자신의 삶에 적용 안 하는 사람들이 많습니다.

나와는 거리가 멀다며 포기하거나, 너무 먼 미래로 유보해두는 경우도 많아요.

일단 시작하고 조금씩 변경해가며 경계를 넓혀가는 방법도 좋은 것 같습니다.

- 많은 부자들 중 따라하고 싶어지는 부자는 누구인가요?

나는 살아가면서

부유할 때든 가난할 때든

경제상태와 상관없이

나를 돈의 노예상태로부터

해방시킬 것을 맹세한다.

- 《부와 행복의 법칙》

....

스무 살에 미국을 여행하며 세계의 다양한 부자들에게서 성공비결을 배우고
30대 초반에 백만장자가 된 혼다 켄이 가장 중요하게 생각하는 건
바로 '행복'이었습니다.
돈에 연연해하지 않고 내가 좋아하는 일을 하면서 행복한 부자로 살기.
링컨이 노예해방선언서에 서명을 한 것처럼
우리도 '돈으로부터의 노예해방선언서'에 서명을 해봅시다.

● 부자선언 해봅시다!

052

원인의 법칙

제임스 알렌

많은 사람들이 외부 공간을 수리하는 데에는 상당한 의욕을 보이면서도 자기 자신을 개선하는 일에는 매우 소극적이다.

마음의 환경이 개선되지 않으면 계속 거기 머무를 수밖에.

먼저 원인이 개선되어야 한다. 자기 자신을 의욕적으로 개선하려는 사람은 목표를 명확하게 설정해서 결코 실패하지 않는다.

물질적 부, 정신적 목표 모두 말이다.

- 《원인과 결과의 법칙》

....

영국의 저명한 작가 제임스 알렌은 톨스토이의 작품에서 영향을 많이 받았고,
나폴레온 힐, 데일 카네기, 나이팅게일 등에게 강한 영향을 주었다고 합니다.
그의 대표작인 《원인과 결과의 법칙》은 지금도 수많은 사람들이 애독하는
자기계발의 세계적인 바이블로 자리매김하고 있다는군요.

원인의 법칙

● 나를 둘러싼 환경에서 조금 더 개선하면 좋아질 것 같은 건 무엇인가요?

053

돈의 비밀 론다 번

돈을 끌어당기려면 부에 집중해야 한다.

돈이 부족하다는 사실에 집중하지 말고,

'나에게 지금 넘칠 정도로 돈이 있다'는 새로운 생각을 해야 한다.

상상력을 동원하여 원하는 만큼의 돈이 이미 있는 척해보라.

돈을 대하는 감정이 바뀌면

곧 당신 인생에 돈이 넘치기 시작할 것이다.

-《시크릿》

신기하게도 이미지화의 힘, 끌어당김의 법칙은
세대를 이어 그 장점들이 전해 내려오는 것 같습니다.
돈을 대하는 감정이 어떤가에 따라 인생이 달라진다는 말,
맞는 것 같습니다.

● 돈이 넘치면 가장 먼저 무엇을 하고 싶은가요?

, **습관의 힘** ●

더 이상 아무것도 할 수 없을 것 같았던 그때, 조금씩 시도한 아주 작은 일들이 나를 바꾸었다. 사소하고 별것 아닌 일이라도 몇 년 동안 꾸준히 해나가면 정말로 놀랄 만한 결과가 나타난다.

우리 모두 인생에서 불행을 겪지만 장기적으로 볼 때 인생은 대개 습관으로 결정되곤 한다. 다른 사람들보다 더 좋은 습관을 가지고 있다면 더 좋은 결과를 만들어낼 수 있다.

-《아주 작은 습관의 힘》

....

사소하고 작은 습관들이 건강과 성공에 미치는 영향은 아주 큽니다.

더 좋은 습관을 가지는 사람이 더 좋은 부자가 되는 건 합리적인 것 같죠?

● 몇 년 동안 꾸준히 해온 습관이 있나요? 있다면 무엇인가요?

  없다면 새로운 좋은 습관을 하나 만들어봅시다.

055

세계 최고들의 습관

큰 기회는 항상 작은 패키지 안에 담겨 배달되어 온다.

- 《타이탄의 도구들》

....

짧은 문장 안에 굉장히 큰 뜻이 담겨 있습니다.

《타이탄의 도구들》책속 좋은 문장들 중에서 아주 많이 와닿은 문장입니다.

이 세상에서 가장 부유하고 지혜롭고 건강한 사람들 (이들이 바로 '타이탄Titan')

을 만나고 인터뷰하여 그들의 습관과 루틴을 소개하고 있습니다.

맞습니다. 일어나면 바로 이부자리를 정리하고, 매일 가벼운 명상을 하는 이러

한 루틴들이 있습니다. 아침에 차를 마시는 습관도 있습니다.

이 책의 첫 필사 글로 뽑은 아놀드 베넷의 말과도 통하는군요!

세계 최고들의 습관

● 오늘부터 따라해볼 부자들의 작은 습관 한 가지를 적어볼까요?

, 아침 일기 ─────── •
─────

줄리아 캐머런

아침 일기는 정신을 닦아주는 와이퍼다. 혼란한 생각들을 일기
에 적어놓기만 해도, 좀 더 맑은 눈으로 하루를 마주칠 수 있다.

- 《아티스트 웨이》

.... ─────────────────────

미라클 모닝, 아침 일기 쓰기, 감사 일기 쓰기 등
우리나라에도 좋은 루틴들이 어마어마하게 번져나가고 있죠?
이 아침 일기 쓰기 덕분에 줄리아 캐머런은
알코올 중독과 우울증에서 탈피하여 세계적인 작가로 변신했다고 합니다.
10분도 걸리지 않는 이 간단한 습관이 가져다주는 힘이 어마어마하군요.
그래서 우리도 지금 필사의 시간을 갖고 있지요.

● 오늘 아침 일기에 쓸 (쓴) 가장 즐거운 내용은 무엇인가요?

빠르게 돈을 번다는 것은 차근차근 모으는 것이 아니라 기하급수적으로 벌어들이는 것이다.

부의 가속도는 내가 선택한 지도의 '가치관'을 바탕으로 진화하며, 재무계획이 가속도를 받느냐 멈추느냐는 이 가치관과 밀접한 상관이 있다. 자, 시속 20km까지 허용된 노선에 올라탈 것인가? 시속 200km까지 가능한 노선에 올라탈 것인가?

-《부의 추월차선》

....

친구도 없고 뚱뚱한 아이였던 평범한 10대 소년이 아이스크림을 사러 갔다가 '람보르기니 카운타크'를 보고 시선을 빼앗깁니다. 차주는 당연히 나이 지긋한 신사일 거라 생각했는데 25세쯤 되어 보이는 젊은 사람인 걸 알고 이 아이는 젊은 백만장자가 되겠다는 꿈을 세웁니다. 그리고 30대에 억만장자가 됩니다. 엠제이 드마코의 이야기입니다.
책은 부의 서행차선 말고 부의 추월차선에 오르는 방법을 담고 있습니다.

** 상단의 내용 마지막 문장에 관하여 : 제가 구입한 한국어판 도서(개정판 8쇄 ver.)에는 시속 20미터, 시속 200미터라고 나와 있는데, 오타인가 싶기도 하고, 시속이면 20km, 200km가 피부에 확실히 와 닿아서 제가 바꾸어서 표기했습니다. 참고하시면 좋겠습니다.

● 내가 한 달에 1억을 번다면 가장 먼저 무엇을 할 건가요?

폭넓은 지식

파스칼

모든 것에 대해 약간씩 아는 것이 어느 한 가지에 대해서 전부
아는 것보다 훨씬 낫다. 보편성이야말로 가장 위대한 것이다.

....

깊이와 넓이를 다 갖추면 정말 좋겠지만 아주 힘든 일이죠.
박학다식, 지대넓얕(지적 대화를 위한 넓고 얕은 지식)이 필요한 시대에 우리는
살고 있습니다. 나의 전문분야가 아니어도 조금씩은 관심을 갖고 알려고 노력해
야 합니다. 편협한 시각을 갖지 않기 위해서라도 말입니다.

● 내가 약한 분야는 무엇인가요? 그 분야의 도서 한 권 읽어볼까요?

"자네, 50세까지는 공부를 하게. 그 나이까지 지속적으로 공부를 하는 사람이 없으니 50세까지 공부하면 그다음에는 뒤를 쫓아올 사람이 아예 없어지지. 결국에는 일등주자가 될 수 있을 거야."

- 《배움을 돈으로 바꾸는 기술》

....

《배움을 돈으로 바꾸는 기술》의 저자 이노우에 히로유키는 치과의사입니다.

다양한 경영학 세미나에 참석하면서 보다 높은 레벨의 진짜 경영학을 배우고 싶어 1년간 12회의 비싼 세미나에 참가를 합니다.

지금까지 만나왔던 연 매출 수백억 대의 경영자들에게서도 많이 배우고 자극을 받았지만 그들과 달리 연 매출 수천억 대의 경영자들은 격이 달랐다고 해요.

그 참가자들 중 대기업 사장 한 분이 해준 말인데, 저도 인상적이어서 뽑아봤습니다. 배우는데 투자를 아끼지 말고, 수준 높은 사람들과 교류하라고 합니다!

배움의 묘미

● 올해 새롭게 배우고 싶은 것은 무엇인가요?

, 읽기와 쓰기 ●

프란시스 베이컨

독서는 충실한 인간을 만들고,

글쓰기는 정확한 인간을 만든다.

....

지금 우리가 하고 있는 필사와 딱 어울리는 말을

철학자 베이컨이 이미 수백 년 전에 했습니다.

읽는 시간, 쓰는 시간을 통해 매일 조금씩 더 멋지고 더 나은 인간이 되어봅시다.

● 오늘은 내가 '좋아하는 것'에 대해 써보는 시간을 가져볼까요?

061 , 돈과 독서

고명환

사소한 사건이 꾸준히 쌓여 엄청난 영향력을 발휘한다.

이런 사실을 알기 때문에 난 매일 남산에 와서 책을 읽는다.

책을 읽고 있으면 내가 원하는 모든 게 끌어당겨진다.

-《이 책은 돈 버는 법에 관한 이야기》

....

개그맨 고명환일 때보다 지금은 '골목 장사의 신'으로 더 유명한 그 고명환 작가입니다. 메밀국수 식당과 갈빗집을 운영하는 저자는 책에서 끌어당김의 법칙과 돈이 돈을 데려오는 선순환을 언급합니다. 죽을 뻔한 경험을 한 후 책을 읽기 시작하면서 인생의 부를 이루는 데 필요한 내공을 쌓아 첫 책을 내고, 그 책을 본 작가가 방송 〈서민갑부〉 출연을 연결해주고, 방송출연을 계기로 손님이 늘고, 강연을 하게 되고, 강연 후기에 힘입어 또 책을 내게 되고….

지난 10여 년간 연매출 10억을 꾸준히 유지했다고 해요. 코로나라는 비상상황을 2년이나 겪으면서도 말이죠. 연예인이라서 쉬웠을 거란 생각은 들지 않습니다. 장사를 하지 않더라도, 연예인이 아니더라도 우리가 배울 점이 많습니다.

저자를 만나고 싶으면 아침 일찍 남산도서관으로 가보시길요!

돈과 독서

● 책을 읽으면서 내가 원하는 걸 끌어당긴 경험이 있었나요?

062 , 단 하나의 그것

게리 켈러

내가 큰 성공을 거뒀을 때는 단 하나의 일에만 모든 정신을 집중했다. 그러나 성공이 들쭉날쭉했을 때는 나의 집중력도 여러 군데에 퍼져 있었다.

-《원씽》

....

단 하나의 원칙, 단 하나의 정신, 단 하나의 힘.
성공뿐 아니라 수입이나 인간관계에도 적용되는 말이군요.
얼마 전 제가 이 책을 구입했는데, 99쇄 버전이네요. 부럽습니다! One Thing!
이렇게 많은 분들이 읽었는데, 그분들은 모두
자신만의 원씽을 찾으셨는지 궁금합니다.

144

단 하나의 그것

● 나의 단 하나, 'One Thing'은 무엇인가요?

, ## 백만장자 사고방식

사람들의 사고방식에는 백만장자 사고방식과 종업원 사고방식이 있다. 이 둘 중 어떤 사고방식을 선택할지는 전적으로 나에게 달려 있다.

성공하기 위해서는 전적으로 나를 믿어야 한다. 그다음에 고객이 나를 믿도록 해야 한다.

-《밀리언 달러 티켓》

....

영국의 백만장자 (지금은 억만장자), 버진그룹의 리처드 브랜슨이 말했죠.
"지금의 나를 성공으로 인도한 것은 나 자신에 대한 믿음이었다."
이 리처드 브랜슨의 실화를 모델로 하여 '비행기에서 만난 백만장자 이야기'를 구성한 책이 바로 《밀리언 달러 티켓》입니다. 우연히 비행기 좌석이 일등석으로 업그레이드되어 성공한 대부호 옆에 앉아 여덟 시간 동안 백만장자의 사고방식을 전수 받았다고요!
나에게 이런 행운이 온다면, 어떤 질문을 하고 어떤 걸 얻고 싶으신가요?

● 내가 백만장자가 되어 방송 인터뷰를 한다면, 어떤 말을 하고 싶을까요?

큰돈을 벌어들이고 유지할 수 있을 만큼 단단하고 큰 도구함이 당신 안에 구비되어 있지 않으면 세상에 있는 어떤 도구를 가져다 놓아도 당신에게는 쓸모가 없을 것이다.

부는 우리 사고방식의 결과물이다.

-《백만장자 시크릿》

....

돈에 대한 청사진(경제 청사진)을 부자답게 그리라고 하브 에커는 말합니다.
생각이 감정을 낳고, 감정이 행동을 낳고, 행동이 결과를 낳습니다.
돈에 대한 태도, 백만장자 마인드를 장착한 후
행동지침을 선언하고 행동해볼까요?

_____

_____

_____

_____

_____

_____

_____

_____

_____

_____

_____

_____

● 원하는 돈이 생겼을 때, 잃지 않고 계속 늘려갈 계획은 무엇인가요?

"돈을 많이 버는 건 별로 어려운 일이 아니에요.

정말 어려운 건 돈을 많이 벌면서도 체중이 늘지 않는 거죠."

- 《억만장자 시크릿》

....

백만장자 시크릿도 엄청난데 억만장자 시크릿?

나폴레온 힐이 앤드류 카네기를 만난 이후 미국에서 가장 성공한 사람들을 인터뷰하고 분석하여 《나폴레온 힐 성공의 법칙》《놓치고 싶지 않은 나의 꿈 나의 인생》이라는 세계적인 베스트셀러를 집필한 것처럼 이 책 《억만장자 시크릿》의 저자 라파엘 배지아그도 세계 각지의 억만장자 21명을 직접 만나서 성공 비결을 알아냈습니다!

그 21인 중에는 우리나라의 카카오 설립자 김범수 전 의장도 있고, 위의 말을 한 차이둥칭은 중국의 월트 디즈니라고 불리는 억만장자입니다.

● 건강관리 어떻게 하고 있나요? (할 계획인가요?)

경제관념을 제대로 갖추지 않은 상태에서 구체적이고 실질적인 가이드를 따르는 건 독이나 다름없다.

자녀들과 돈 얘기를 하는 건 성(性)에 대해 얘기하는 일과 비슷하다. 둘 다 말썽을 일으키기 쉬운 화제이므로 많은 부모들이 이 주제를 피하려 하지만 아이들이 기본적인 내용을 이해할 수 있도록 도와주어야 한다. 균형 잡힌 삶의 중요성을 말과 행동으로 보여주는 게 좋다.

-《부자의 프레임》

....

월가에서 30년간 경제전문가로 활동한 이 책의 저자 질 슐레진저는 아이에게 다 해주지 말라고 강조합니다. 등록금도 다 내주고 집도 사주고 금전적인 지원을 아끼지 않는 것이 과연 자녀를 위한 길인지? 오히려 노후 대비의 중요성을 강조합니다.

자식을 망치는 가장 쉬운 방법은 자식이 원하는 모든 것을 갖도록 해주는 것이라는 서양 속담도 있습니다. 비행 중 위급 상황이 발생하면 보호자가 먼저 산소마스크를 쓰라고 하죠? 그것처럼 부모가 은퇴 준비가 되어 있지 않은 상황에서 올인하지 말 것. 돈의 무게를 견디는 아이가 성공한다고 합니다.

● 노후란 몇 살부터 시작된다고 생각하나요?

돈을 벌려면 투자를 해야 하고, 모든 투자는 '사람'에게 하는 것
이다. 누구에게 투자해야 할지 모르겠다면, 주위를 둘러보라.
출퇴근에 두세 시간씩 걸리는 먼 곳에 살면서도 표정이 밝은
사람이 있다면, 그가 바로 당신이 찾고 있던 사람이다.

-《타이탄의 도구들》

....

《타이탄의 도구들》의 저자 팀 페리스가 만난 타이탄 중, 구글 임원을 지낸 실리
콘밸리의 전설적인 투자자 크리스 사카의 말입니다. 트위터, 우버, 인스타그램,
킥스타터 등의 기업에 초기 투자를 해서 상상을 초월한 부를 얻었다고 하네요.
주위에 이렇게 즐겁게 일하는 사람이 있다면 그에게 투자를 해야겠습니다.

● 주변 사람들 중 누구에게 투자를 할지 생각해봅시다.

사실 생각만으로는 돈을 벌 수 없다.

부자가 되는 과정은 고통의 연속이다. 중요한 것은 생각이 아
니라 습관이다. 많은 적들과의 투쟁을 거쳐 살아남아야만 부를
축적할 수 있다.

- 《한국의 부자들》

....

2003년, 한국의 전형적인 자수성가 부자 100인의 돈 버는 노하우를 담은
《한국의 부자들》이 처음 출간되었을 때 아주 센세이션했습니다.
그동안 미국 백만장자들의 사고방식을 소개한 책들 사이에서
아주 참신한 기획이었고, '생각만 바꾼다고 부자가 될 수는 없다'는 주장으로
또 한번 인기를 얻었지요.
부자들의 공통점은 신용, 부지런함, 세금 및 돈 공부 등 여러 가지 덕목을 갖추고
있다고 합니다.

● 나의 좋은 습관 3가지를 써볼까요? (장착 예정인 습관 3가지도 좋습니다)

자신이 하는 일을 재미없어 하는 사람치고
성공하는 사람 못 봤다.

....

뭐든지 재미있게! 신나게! 해야 에너지도 모이고 운도 끌어당기는 것 같습니다.
억지로 하는 일은 오래하기도 힘들고, 주변에 긍정적인 기운도 전하지 못합니다.
내가 잘하는 일, 좋아하는 일을 찾아야 한다는 말은 동서고금의 진리입니다.

✎ --

● 나는 무엇을 재미있어 하나요? 시간 가는 줄 모르고 빠져드는 일 BEST 3

070 , 돈의 흐름

조셉 머피

쌓아두기 위해서 돈을 벌려고 하지 마라.

저축보다는 현금의 흐름에 집중하라.

내가 원하는 사람이 되고, 하고 싶은 일을 하고,

꿈꾸던 일을 할 만큼 현금이 충분하게 흐르는 것을 원하라.

힘을 얻고 꿈을 좇으며 선한 일을 하기 위해서는

돈도 끊임없이 내 삶에 흘러야 한다.

-《부의 초월자》

....

돈을 고여 있게 하지 말고, 통풍 좋게 잘 흐르게 하라고 많이들 말합니다.
돈을 깨끗하고 소중하게 다루고, 아껴주면 돈도 나를 따른다고 말이죠.
부자들의 한결같은 마음이고 비법이네요.

돈의 흐름

● 나의 '돈의 흐름'은 원활한가요?

부자는 나쁜 게 아니다.

어떤 미사여구를 동원해서 가난을 두둔하더라도,

부자가 되지 않고 진정으로 완전하고 성공적인 삶을 사는 것은

불가능하다.

....

자기계발서의 고전이랄 수 있는 《The Science of Getting Rich》, 부자학으로 유
명한 월러스 워틀스의 말입니다.

많은 사람들을 부자로 이끌어준 책으로, 론다 번의 《시크릿》도 이 책의 영향을
받았다고 하네요.

● 부자가 되면 가장 먼저 누구에게 감사할 건가요?

, 부자의 마음가짐 •

젠 신체로

외로워도 슬퍼도 부자인 게 낫다.

부는 모든 징후가 '그런 일은 절대 일어나지 않을 것이다' 쪽을

가리킬 때에도 무엇이든 가능하다고 믿는 사람에게 찾아온다.

- 《나는 돈에 미쳤다》

....

내 인생을 변화시키는데 두렵지 않다면 무언가 잘못하고 있는 것이라고 하죠.

중요한 순간, 눈앞의 기회를 잘 활용해야 하는 순간, 내 마음을 믿어야 합니다.

내가 감당할 수 있는 일과 없는 일은 모두 내 마음에 달렸으니까요.

● 어떤 부자가 되고 싶은가요? 써보기로 합시다.

나는 _____ 부자가 된다! 반드시! 꼭!

나는 무엇이든 끌어당길 것이다.

돈이 필요하다면 돈을 끌어당기고,

사람이 필요하다면 사람을 끌어당기며,

책이 필요하다면 책을 끌어당길 것이다.

내가 어디에 끌리는지 주의하라.

앤드류 카네기의 영향으로 나폴레온 힐은 《생각하라 그리고 부자가 되어라》를 썼고, 이 책을 26살에 읽은 밥 프록터는 인생이 송두리째 바뀌는 변화를 경험합니다. 이러한 끌어당김의 법칙을 《시크릿》을 통해 실제로 검증하며 전설적인 자기계발 구루가 된 밥 프록터입니다. 마인드 파워 스페셜리스트 조성희 대표는 밥 프록터의 한국 비즈니스 파트너이기도 하죠.

끌어당김의 법칙이 이렇게 이어지는 걸 보면 신기합니다.

● 나는 요즘 무엇에 끌리나요?

● 무엇을 끌어당기고 싶은가요?

로버트 기요사키

얼마나 많이 버느냐가 아니라,

얼마나 많이 모으느냐가 중요하다.

부자가 되어 재산을 유지하고 싶다면 금융지식이 필요하다.

단어와 숫자 모두 잘 알아야 한다.

-《부자 아빠 가난한 아빠》

....

로버트 기요사키 뿐 아니라 김승호 회장 등 많은 슈퍼리치들이 모두 한결같이 하는 말입니다. 금융지식의 중요성, 아무리 강조해도 지나치지 않습니다.

오늘 금융용어 하나 공부해볼까요?

● 금융공부 어떻게 시작할 건가요? (어떻게 하고 있나요?)

백만장자가 되려면 5개의 은행계좌를 만들어라.

1. 백만장자 계좌 : 평생 인출하지 않을 계좌

2. 일상 계좌

3. 자기 투자 계좌

4. 선물 계좌: Gift 계좌

5. 투자 계좌

-《부와 행복의 법칙》

....

어째, 백만장자가 되려면이 아니라, 된 후에 더 적합한 거 같습니다?

어쨌거나 이런 식으로 나누어 관리하며 모으는 건 좋은 방법이네요.

선물 계좌도 독특합니다. 혼다 켄은 베풀고 나누는 것, 다른 사람에게 기쁨과 만족을 주는 것의 중요함을 많이 강조하고 있습니다.

- 나는 몇 개의 계좌를 가지고 있나요?

- 새로 만들 계좌가 있나요?

076

, 책은 사는 것

이노우에 히로유키

사람과의 만남과 마찬가지로 책과 세미나도 맞닥뜨린 순간이 바로 만나야 할 최고의 타이밍이다. 그런 기회를 절대 놓치지 말아야 한다. 좋다고 생각되는 책은 즉각 구매하며, 들어보고 싶은 강의가 있다면 비싸더라도 아끼지 마라. 당분간 시간이 없어서 사서 그대로 쌓아놓는다 할지라도 나에게 들어온 책은 그 순간부터 잠재적인 힘이 된다.

-《배움을 돈으로 바꾸는 기술》

....

사서 쌓아두어도 좋으니 책을 사라니요!
사두고 안 읽었다는 그동안의 자책감이 싹~ 사라지는 순간입니다.
네, 작가님! 지금까지처럼 계속 그렇게 하겠습니다.

● 이 책 《리치 마인드》를 필사하며, 사고 싶은 책이 있었나요?

마음을 다하는 일

얼핏 작아 보이는 일도 전력으로 임해야 한다.

작은 일을 성취할 때마다 인간은 성장한다.

작은 일을 하나씩 정확하게 처리하면

큰 일은 저절로 따라오는 법이다.

....

돈을 모아서 불리는 것도 같은 이치인 것 같습니다. 게다가 작은 좋은 습관들이
모여서 돈을 불리는데 도움도 줄 겁니다.

마음을 다하는 일

● 요즘 꾸준하게 실행하고 있는 작은 습관이 있나요?

078

돈으로부터의 자유

고명환

나는 독서를 하며 내가 30억짜리 인간임을 알게 됐다.

더 벌 수도 없고 더 필요하지도 않다.

30억보다 더 많은 돈은 내게 스트레스를 준다.

그런데 목표를 세우고 선순환으로 돈을 버는 구조를 만들었더니, 돈이 더 벌리기 시작했다. 이 돈을 어떻게 할까 생각하다 도서관을 짓기로 결심했다. 독서와 사색을 통해 업그레이드된 내 능력치는 이제 300억짜리 고명환이다.

이 목표는 계속 변해나갈 것이다.

-《이 책은 돈 버는 법에 관한 이야기》

....

책의 힘, 독서의 힘이 어마어마합니다. 나의 가치를 돈으로 따져보는 일이 얼핏 속물같지만 긍정적인 효과도 있어 보이지요?

책을 읽으며 얻은 걸 실행에 옮기고, 도서관을 지을 목표를 가지며 더 멋있어지는 고명환 작가처럼 우리도 할 수 있습니다.

● 나는 몇 억짜리 사람인가요?

백만장자들은 행동을 취하기에 적합한 상황이 되기를 기다린다.
억만장자들은 절대 기다리지 않는다. 딸기를 판다.

-《억만장자 시크릿》

....

억만장자는 최소 10억 달러, 약 1조 1천 억원 이상의 순자산을 보유한 정말 희귀한 부자들을 말합니다.
위의 글 '딸기 철학'은 노르웨이 최고의 딸기판매상(12세)에서 스칸디나비아 호텔 왕이 된 페터 스토달렌의 것으로, 어릴 때 아버지에게서 들은 말 "페터, 네게 있는 딸기를 팔아라, 딸기는 네가 팔 수 있는 유일한 상품이니까"에서 온 말입니다. 그의 모든 회사명에는 '스트로베리'가 들어갑니다. 스트로베리 그룹, 스트로베리 퍼블리싱, 멋지네요!

● 지금 당장 실행에 옮길 일이 있나요?

080 , 루틴의 힘

몸에 근육을 키우기 위해 일정하게 운동을 하는 것처럼,
마음을 튼튼하게 키우는 것도 연습이 필요하다.
나는 긍정 확언, 명상, 독서, 필사, 글쓰기가 가장 큰 도움이 되
었다. 부정적인 생각이 올라올 때, 과거의 상처가 떠오를 때, 루
틴을 반복하는 것만으로도 마음의 롤러코스터를 멈출 수 있다.
몸과 마음은 하나다. 하루 단 5분만이라도 나를 위한 꾸준한 단
련이 필요하다.

-《미라클 루틴》

....

두 아이의 엄마이자 약사인 염혜진 작가는 일상의 아주 작은 루틴들 덕분에 큰
변화를 경험합니다. 책을 출간하면서 작가가 되고, 강의요청이 들어오면서 강사
로 불리게 되며, 모임을 만들어 즐겁게 운영하면서 스스로 회장이 되었습니다.
"당신이 무엇인가를 이루려면, 먼저 당신이 그 무엇인가가 되어야 한다" 는 괴테
의 말처럼, 우리도, 나도, 할 수 있습니다.

● 나에게 필요한 건강한 루틴 하나만 적어봅시다.

새로운 언어 또는 다른 기술을 배우는 데 가장 큰 걸림돌은

그 언어나 기술을 완전히 익힐 때까지

어리숙한 바보처럼 보일지도 모른다는 두려움이다.

내가 평생 동안 좌우명처럼 삼았던 규칙 하나는 이것이었다.

"배울 가치가 있는 것이라면

처음에 어리숙한 바보처럼 보일지라도 배우라.

아니, 수없이 바보가 되더라도 배우라!"

-《내 인생을 바꾼 스무살 여행》

....

시대가 말 그대로 급변하고 있습니다. 계속 진화하는 각종 스마트 기기들 사용 법을 가르치는 기관도 늘어나고 있고, 무인점포와 키오스크도 대세죠.

업무에 필요한 공부는 물론, 내 삶의 힐링을 위해 배우고 싶었던 것들은 무엇인 가요? 미루지 말고 적어보고, 실행!에 옮겨볼까요?

● 나중에 해봐야지, 여유가 생기면 다음에 배워야지, 했던 게 있다면 무엇인가요?

082 , 부자 되는 명상

이도형

"나는 이번 명상으로 부자가 된다.

무의식은 나를 도와, 내가 의식이 없더라도

이 부자 되는 명상을 계속 진행시켜

나를 변화시킨다."

이렇게 무의식이 나를 철저히 돕도록 명령을 내리면

무의식은 입력된 주문을 따라 나를 돕게 된다.

-《더 룰 리치 편》

....

우리의 무의식은 놀라운 능력을 지니고 있지만

무의식 자체는 영리하지 않다고 합니다.

주문을 반복할수록 힘이 세진다고 하니

무의식에 주문을 정확하게 상세하게

열심히 해봐야겠습니다.

● 나는 언제까지 얼마의 돈을 모으나요? 잠재의식 속에 입력해볼까요?

083

，　나는 돈을 좋아합니다　　　　　　　　조셉 머피

돈이 끊임없이 당신을 향하여 흘러들어오게 하는 간단한 방법
이 있습니다. 다음 말을 하루에 몇 번씩, 몸과 마음이 편안할 때
되풀이해보세요.

"나는 돈을 좋아합니다. 나는 돈을 사랑합니다. 나는 돈을 현명
하게, 건설적으로, 뜻깊게 사용하겠습니다. 나는 기꺼이 돈을
쓰겠지만 그것은 몇 배로 불어나서 나에게 돌아옵니다. 돈은
좋은 것입니다. 돈은 나에게 눈사태처럼 풍족하게 쏟아집니다.
나는 그것을 좋은 일에 쓰겠습니다. 나의 이익과 내 마음의 부
에 감사합니다."

당신의 생활이 마술처럼 풍족해지게 됩니다.

-《커피 한 잔의 명상으로 10억을 번 사람들》

....

생각의 힘, 잠재의식의 힘은 정말 대단하죠.
좋은 생각, 멋진 생각을 많이 하고
나는 할 수 있다고 긍정적인 메시지를
자주 발신하는 삶을 권합니다.

나는 돈을 좋아합니다

- 나는 돈을 좋아합니다. 나는 돈을 사랑합니다.

  돈은 나를 좋아합니다. 돈은 나를 사랑합니다.

084

행복의 본질

마르쿠스 아우렐리우스

아침에 일어났을 때 살아있다는 것이 얼마나 특권이지 생각하라.

호흡하고, 생각하고, 즐기고, 사랑하는 것 모두 굉장한 특권이다.

인생의 행복은 생각의 질에 달려 있다.

그러니 그에 맞게 경계하라.

그리고 미덕이나 이성적 본성에 맞지 않는 생각을 품지 마라.

·········

오늘 하루는 어제 죽어간 이가 애타게 소망했던 시간이라는 말이 있습니다.

우리는 아프지 않고 걱정거리가 적고 평안한 하루의 소중함을 자주 잊고 지냅니다. 매일 호흡하는 공기의 소중함을 잊고 사는 것처럼이요.

오늘 아침, 건강하게 눈 뜰 수 있어 행복하다고 한 번 외쳐볼까요?

● 오늘 아침 건강하게 눈을 뜨고 일어날 수 있어서 나는 정말 행복합니다.

책을 사는 데 돈을 아끼지 말고, 하나의 테마에 대해 책 한 권으로 다 알려고 하지 말라. 반드시 비슷한 관련서를 몇 권이든 찾아 읽어라. 이 과정을 통해 그 테마와 관련된 탄탄한 밑그림을 그릴 수 있게 된다.

그리고 자신의 수준에 맞지 않는 책은 무리해서 읽지 마라. 수준이 너무 낮든 너무 높든 시간낭비다. 이렇게 읽다가 중단한 책이라도 일단 마지막 쪽까지 한 장 한 장 넘겨보라. 의외의 발견을 하게 될지도 모른다.

-《나는 이런 책을 읽어왔다》

일본의 지(知)의 거장 다치바나 다카시의 독서법 14가지 중
리치 마인드 장착에 도움될 만한 내용을 가져왔습니다.
수준이 너무 낮든 너무 높든 시간낭비라는 말이 확 와닿습니다.
수준을 꾸준히 높여가야겠습니다.

부를 위한 독서법

● 책 정리 어떻게 하고 계시나요? 분야별로, 작가별로, 책표지 색상별로?
　나의 도서 정리법에 대해 잠시 생각해보는 시간을 가져볼까요?

, 돈 vs. 시간

요한 볼프강 폰 괴테

많은 사람들이 자신의 돈이 바닥나기 전까지는
돈에 대해 신경 쓰지 않는다.
마찬가지로 그들의 시간이 바닥나기 전까지는
시간에 대해 신경 쓰지 않는다.

....

돈은 많을수록 좋을 것 같은데,
누구에게 가서 어떻게 사용되느냐에 따라 그렇지 않기도 하죠.
시간은 누구에게나 동일하게 주어지지만
이 또한 누가 어떻게 사용하느냐에 따라 그 가치가 달라집니다.
잘 이용해야겠습니다.

돈 vs. 시간

● 오늘의 시간관리 계획을 써볼까요?

적당한 자신감, 적당한 가난, 또는 적당한 풍요로움, 적당한 성
실, 적당한 안정, 적당한 슬픔, 적당한 기대… 이것들이 인생의
깊이를 더하고 좋은 향기가 나는 존재로 만들어준다.

- 《약간의 거리를 둔다》

....

꾸준한 인기를 얻고 있는 일본의 소설가이자 에세이스트 소노 아야코의 말입니
다. 폭력적인 아버지 때문에 힘든 어린시절을 보내고 평생 독신을 꿈꾸었지만
문학계 동인지 멤버로 함께 활동하던 남자와 22세에 결혼을 했다고 하는군요.
다행히, 좋은 남자였나 봅니다.
왕성한 창작활동을 하고 한국에서도 《약간의 거리를 둔다》《나는 이렇게 나이
들고 싶다》《타인은 나를 모른다》 등 그녀의 책은 스테디셀러로 자리매김하고
있습니다. 작가 자신의 적당한 결핍과 적당한 긍정이 글에 녹아 있어서 독자들
도 몰입하게 되는 것 같습니다.

적당한 것들

● 많을수록 좋은 거 말고, 나에게 적당하면 좋은 것 다섯 가지만 써볼까요~.

아놀드 베넷

돈이라는 것은 이 세상 어디에나 빽빽이 가득 차 있다.

그리고 당신의 지갑 속에는 24시간이라는 풍족한 시간이 빳빳한 신권으로 가득 차 있다. 당신은 이 24시간의 지갑을 어떻게 열고 써야 하는지, 그리고 언제 어떻게 써야 하는지를 고민해야 한다.

- 《아침의 차 한잔이 인생을 결정한다》

....

시간은 정말 누구나에게 공평하게 주어집니다.

알차게 쓸 것이냐 허무하게 흘려보낼 것이냐는 나 하기 나름입니다.

하지만, 너무 걱정하지는 말기로 해요.

어제가 허무했다면, 오늘은 잘 살면 됩니다.

내일도 멋지게 살면 되고요. 글로 적어보고 실천하는 거예요.

● 오늘 아침 9시, 무엇을 했나요? (할 건가요?)

추월차선을 달리는 사람들은 교육을 통해 자신의 비즈니스 시스템과 돈나무를 키운다. 그들은 바퀴에 달린 톱니가 되는 것엔 관심이 없다. 그들은 톱니를 만드는 법을 원한다.

훌륭한 세미나를 볼 줄 아는 안목도 필요하고, 1년에 최소한 12권의 책을 읽겠다는 목표도 필요하다.

-《부의 추월차선》

부자들은 생각보다 공부를 엄청 많이 합니다. 고가의 세미나도 많이 참여한다고 하네요. 돈 좀 벌어보려고 마음먹은 사람들은 대부분 읽었거나 읽으려고 구입한 책《부의 추월차선》에서 저자 엠제이 드마코는 이 책을 쓰기 전에 출판, 작문, 작가론에 관한 책 6권을 구입해서 철저히 공부했다고 해요.

생활을 대학으로 만들고 (운전 대학, 화장실 대학, 운동 대학 등등), 도서관도 잘 활용하라고 조언해주네요.

돈나무

● 집 근처 도서관을 잘 활용하고 계시나요?

　, 행동의 힘

정윤진

하면서 배우는 게 최고다. 무언가를 완벽하게 알고 시작하면 좋겠지만, 그만큼 시작이 더뎌진다. 유튜브, 책, 블로그마다 돈 버는 방법들이 넘쳐난다. 월 천 버는 사람들도 많다. 모두 행동한 사람들이다.

- 《부의 변곡점》

스마트스토어라는 부업으로 2년간 23억원 매출을 올린 '돈버는 형님들' 정윤진 작가. 그가 찌질하고 가난했던 빚쟁이에서 어떻게 '부의 변곡점'을 지났는지 책에서 자세하게 밝히고 있습니다.
신사임당의 유튜브, '창업 다마고치' 유튜브를 보며 쇼핑몰을 시작하고, 5개월 후 월매출 1억을 찍었다고 해요. 자, 우리도 '행동' 합시다!

● 오늘부터 1일! 하고 싶은 건 무엇인가요?

어느 날 갑자기 사업이 망하거나 경제적으로 몰락하지 않을지 우리는 극도로 경계하고 준비를 한다. 하지만 정작 현실에서 자주 무너지는 것은 바로 '건강'이다. 언제나 지금보다 더 나빠질 수 있음을 알아야 한다.

....

노후에 돈을 많이 쌓아두고도 (물론 그러지 못하는 사람도 많습니다만)
여행 갈 수 있는 관절과 체력이 안 되고 건강도 매일매일 나빠진다면,
정말 아무 소용 없지 않을까요?
오늘 하루의 행복, 일상의 소중함을 잘 알고
건강한 식습관을 가져야 하는 이유입니다.

건강의 중요성

● 건강검진을 언제 받았나요? 특별히 조심해야 할 부분은요?

092

, 부자의 길 ⸻ •

데이먼드 존

부자가 될 수 있는 길은
사무실 안쪽이 아니라 바깥쪽에 있다.

⸺⸺⸺⸺⸺

바깥쪽에서 기회를 얻는다는 건 뭔가를 직접 팔아야 한다는 뜻이기도 합니다.
영업이 모든 문제의 해결책이라고 믿는, FUBU의 CEO 데이먼드 존은
단돈 40달러로 패션 사업을 시작해서 60억 달러 규모까지 키웠다고 하는군요.
그의 부모님은 "주업만으로는 부자가 될 수 없다"고 가르쳤다고 합니다.

● 나 자신 (I 브랜드)을 알리는 일로, 어떤 일을 하고 있나요?

부유함의 척도

우리가 얻을 수 있는 부유함은

우리가 기꺼이 내려놓을 수 있는 물건의 숫자에 비례한다.

....

부를 좇는 것보다 가난을 연습함으로써 더 큰 자유를 얻을 수 있다는 말도 있습니다. Wealth와 Rich를 말하며 헨리 데이비드 소로가 자주 언급되는 것도 자연스러운 맥락으로 보입니다.

● 오늘 내가 기꺼이 내려놓거나 버릴 수 있는 (주변의) 물건의 목록을 적어봅시다.

김승호

성공으로 가는 위대한 비밀의 규칙은 없다.

성실하고 약속을 잘 지키고

허세를 부리지 않고 친절을 베푸는 것과 같은

작은 비밀이 있을 뿐이다.

- 《돈의 속성》

. . . .

김승호 회장님의 《돈의 속성》.

200쇄 넘게 찍었죠. 제가 갖고 있는 책은 초판 44쇄 버전인데,

앞면지에 인쇄된 친필 사인 문구도 참 좋아서 뽑아봤습니다.

처음부터 끝까지 좋은 내용이 가득합니다. 아직 안 보셨다면 꼭 읽어보시고,

책꽂이에 있다면 또 한 번 읽어보시길 권해드립니다.

● 오늘 누구에게 친절을 베풀었나요? (베풀 예정인가요?)

, 부자들의 머니 게임 하브 에커

부자는 "내 인생은 내가 만든다"고 믿는다.

가난한 사람은 "인생은 우연이 만든다"고 믿는다.

내 인생의 부는 내가 만든다.

- 《백만장자 시크릿》

부자 뿐만 아니라 성공하는 사람, 성취하는 사람들은 '운'이 좋다고 합니다.

'운'은 준비된 자에게, 기다리는 자에게 갔다가

'실행력' 있는 사람에게 오래 머무는 것 같습니다.

내 인생의 부, '나' 도 만들어봅시다.

● 내 인생의 그림을 그려보는 멋진 시간입니다.
  10년 후 나는 어떤 곳에서 어떤 모습으로 무엇을 하고 있나요?

096 , 돈이 모이는 체질 •

요코야마 미츠아키

돈을 모을 때는 저축 방법이나 목표 액수에 집중하지 말고, 그 과정을 통해 삶을 대하는 태도가 어떻게 달라지는지에 집중해야 한다. 일시적으로 돈을 모으는 방법 말고, 근본적으로 돈이 모이는 생활 체질이 필요하다.

-《90일 완성 돈 버는 평생 습관》

....

돈도 건강도 태도와 체질이 중요합니다.
일시적으로 들어온 돈은 주인의 태도에 따라 금세 흘러나가버릴 수도 있고,
오랫동안 주인 곁에 머물며 복리 이자를 붙여나가기도 합니다.
그런 생활 체질이 있다는 사실을 알았으니, 좋은 습관 하나 장착해봅시다.

● 돈이 나를 좋아하게 하는 방법 한 가지를 생각해봅시다.

우리는 인생의 어느 시점에 도달하면 인생의 무소속 배우로서 벼룩의 삶을 살아야 한다. 코끼리에서 벼룩으로의 전환은 많은 사람들이 당연히 겪게 될 변화이다. 자, 이제 질문을 던져보자. 벼룩들은 어떻게 동거를 할까?

벼룩은 어떻게 배울까?

- 《코끼리와 벼룩》

....

찰스 핸디가 대기업의 보금자리를 떠나 (코끼리의 무리에서 빠져나와) 프리랜서의 삶을 (벼룩처럼 나 혼자 살아가야) 시작한 게 1981년(그의 나이 49세), 책이 출간된 게 2001년, 현재 2023년. 세상에! 40년이 지난 베스트셀러 고전(?)이 오늘날에도 묵직한 메시지를 던져줍니다.

《익숙한 것과의 결별》 구본형 소장님의 스토리와도 비슷하죠?

일과 돈, 둘 다 포트폴리오의 재구성이 필요한 시기입니다.

포트폴리오의 재구성

● 1인 기업을 차린다면, 나는 어떤 기업에 도전하고 싶은가요?

젠 신체로

돈은 쉽게 흘러 들어오고 또 흘러 나간다.

나는 돈을 쓰는 것도 버는 것도 좋아한다.

세상에는 모든 사람에게 돌아갈 만큼 충분한 돈이 있다.

돈은 자유고, 힘이고, 내 친구다.

나는 돈을 사랑하고, 돈도 나를 사랑한다.

내가 바라는 돈은 이미 여기에 존재한다.

나는 에너지고 돈도 에너지다.

이렇게 똑같은 우리는 최고의 친구다.

-《나는 돈에 미쳤다》

....

의식적으로, 또 무의식적으로 확언을 반복하는 일의 효과가 엄청나다고 하죠?
긍정적인 내용으로 돈이 나에게 흘러 들어올 수 있도록 여러 가지 내용의 문장
을 구성하여 긍정의 확언을 반복해보기로 합시다.

● 지금 지갑에 얼마가 있는지 정확하고 알고 있나요?
　(지갑에 늘 얼마 이상을 채워두고 싶은지도 적어봅시다)

, ## 부가 시작되는 곳   조셉 머피

부와 가난이 시작되는 곳은 바로 내 마음속이다.

부자가 되고 성공하겠다는 다짐을 분명하게 해야 한다.

기회나 운이 좋아서 또는 우연히 부자가 되는 것은 아니다.

내가 가진 유일한 기회는 내가 스스로 만들어내는 것이다.

-《부의 초월자》

....

'운'이 왔을 때 잡을 줄 아는 것도 실력입니다.

기회를 알아차리는 것도 안목이지요.

조셉 머피의 말처럼,

스스로 기회를 만들어낼 줄도 아는 사람이 되어야겠습니다.

● 나는 이제 부자입니다. 더 큰 부자가 되는 길을 걷고 있지요?

100 , 감사하는 마음

돈은 이 세상 모든 사람들과 연결되어 있다.

내가 감사하는 마음으로 행복하게 돈을 벌고 사용할 때,

모든 사람을 축복하는 결과를 낳는다.

긍정적인 마음으로 돈을 관리하고

내가 가진 것을 나누어 갖는 태도가 중요하다.

많은 부자들이 잘 나누는 방법에 대해서도 말합니다.

Giver의 삶을 살며, 기부, 선행, 도움 등 좋은 돈이 한곳에 고여 있지 않도록

잘 흘러갈 수 있도록 노력합니다.

우리도 부자의 준비를 하며 미리 계획을 세워봅시다.

예쁜 구두를 준비해놓으면 파티 갈 일이 생긴다는 서양속담처럼 말입니다.

감사하는 마음

● 원하는 만큼 돈을 모았을 때 어떻게 나눌 건가요?

──────── 참고한 도서 ────────

《아침의 차 한잔이 인생을 결정한다》 아놀드 베넷, 매일경제신문사
《부와 성공을 부르는 12가지 원칙》 게리 바이너척, 천그루숲
《크러싱 잇! SNS로 부자가 된 사람들》 게리 바이너척, 천그루숲
《돈의 속성》 김승호, 스노우폭스북스
《돈의 감정》 이보네 젠, 다산북스
《커피 한 잔의 명상으로 10억을 번 사람들》 조셉 머피, 나라원
《내 인생을 바꾼 스무살 여행》 브라이언 트레이시, 작가정신
《보도 섀퍼의 돈》 보도 섀퍼, 에포케
《월든》 헨리 데이비드 소로우, 은행나무
《부자 아빠 가난한 아빠》 로버트 기요사키, 황금가지
《돈과 인생의 비밀》 혼다 켄, 더난출판사
《부와 행복의 법칙》 혼다 켄, 더난출판사
《돈 걱정 없는 노후 30년》 (최병희, 고득성, 정성진) 다산북스
《돈, 뜨겁게 사랑하고 차갑게 다루어라》 앙드레 코스톨라니, 미래의 창
《돈 없고 빽 없고 운이 나빠도 리치》 리처드 세인트 존, 위즈덤하우스
《내가 확실히 아는 것들》 오프라 윈프리, 북하우스
《미라클 모닝》 할 엘로드, 한빛비즈
《부의 복음》 앤드류 카네기, 예림북
《인생은 소풍처럼》 김달국, 더블엔
《원인과 결과의 법칙》 제임스 알렌, 지식여행
《시크릿》 론다 번, 살림Biz
《아주 작은 습관의 힘》 제임스 클리어, 비즈니스북스
《타이탄의 도구들》 팀 페리스, 토네이도

《아티스트 웨이》줄리아 캐머런, 경당
《부의 추월차선》엠제이 드마코, 토트출판사
《배움을 돈으로 바꾸는 기술》이노우에 히로유키, 예문
《부자들의 생각을 읽는다》이상건, 비아북
《부자들의 자녀교육》방현철, 이콘
《이 책은 돈 버는 법에 관한 이야기》고명환, 라곰
《원씽》게리 켈러, 비즈니스북스
《밀리언 달러 티켓》리처드 파크 코독, 마젤란
《백만장자 시크릿》하브 에커, RHK
《억만장자 시크릿》라파엘 배지아그, 토네이도
《부자의 프레임》질 슐레진저, 리더스북
《한국의 부자들》한상복, 위즈덤하우스
《부의 초월자》조셉 머피, 다산북스
《나는 돈에 미쳤다》젠 신체로, 위너스북
《미라클 루틴》염혜진, 더블엔
《더 룰 리치 편》이도형, 은행나무
《나는 이런 책을 읽어왔다》다치바나 다카시, 청어람미디어
《약간의 거리를 둔다》소노 아야코, 책읽는고양이
《부의 변곡점》정윤진, 마인드셋
《90일 완성 돈 버는 평생 습관》요코야마 미츠아키, 걷는나무
《코끼리와 벼룩》찰스 핸디, 생각의나무
《오늘, 행복을 쓰다》김정민, 북로그컴퍼니
《인생에서 너무 늦은 때란 없습니다》애나 메리 로버트슨 모지스, 수오서재